理想の体が手に入る
「失敗しない」31の法則

やせるのは
どっち？

飛鳥新社

中野ジェームズ修一

はじめに

私はパーソナルトレーナーとして25年、相談に来た方々の願いを叶えるためにトレーニングを行っています。私のところには、100mジョギングをしただけで「苦しくて死んじゃう！」というような方から、五輪に出場するトップアスリートまで様々な運動経験・レベルの方が訪れますが、実に8割近くの方が「やせたい」という目標を持っています。

その一方、ダイエットを始めた日本人の8割以上が挫折する、という残念な調査結果もあります。おそらく、この本を手にとってくださった方のなかにも、過去、何度もダイエットに失敗した経験を持つ方はたくさんいらっしゃるでしょう。

しかし、長年の経験をもとに、断言します。この世にやせない人など、存在しません。「何をやってもやせなかった」「挫折してしまった」という方は単純に、そのとき、そのときの「選択」を間違えていただけなのです。

この本には、やせられる、続けられる31の「正解」をギュッと詰め込みました。

ぜひ、ダイエットを始める前、または始めたその日から1か月間、1日1項目、読み進めてみてください。最初から順にでも、気になる項目からでも構いません。読み終わった頃には自然と、ダイエットや運動が続く選択ができるようになっています。

ただし、ひとつだけお願いがあります。読み始める前に、なりたい自分の姿をできるだけ具体的に描いてほしいのです。

何kgやせる、体脂肪を何%落とす、シックスパックを手に入れたい、ヒップアップしたい、メタボを解消したい、自信をつけたい……などなど、いくつあっても、どんな内容でも構いません。できるだけ、明確に目標を設定し、手帳や紙に書き出しましょう。

すると、「筋肉をつけたいのにヨガを選ぶ」といった間違った選択をしなくなりますし（この理由も本書で説明します）、「やめたいなぁ」と思ったとき、しばらくダイエットを中断したときも、この目標に立ち返ることで「もう一度チャレンジしよう」という気持ちがわくはずです。

みなさんはもう、運動を続ける準備はできています。

なぜなら「運動をしてもムダ」と思っている人は、絶対にこの本を手にとらないからです。

あとはただ、「始める」のみ。一緒に、頑張りましょう！

初級編

一 考え方を変える

Q01 人間には絶対にできないことはどっち？ 10
Q02 最近、疲れやすくなった理由は？ 14
Q03 ストレスを発散するならどっち？ 20
Q04 ダイエットしようと決意しても「どうしても食べてしまう」のはなぜ？ 24
Q05 「今日は疲れたから運動したくないな……」と思ったらどうする？ 30
Q06 また三日坊主で終わってしまった……。そんなときはどうする？ 34
Q07 続くのはどっち？ 38

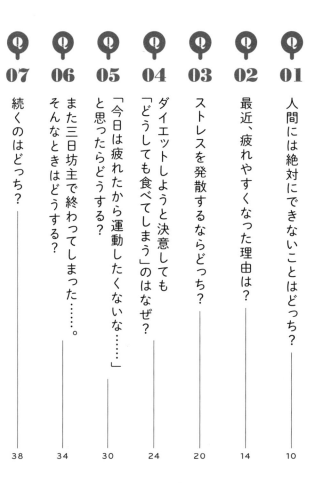

中級編

知識をつける

Q 08 よりも続きやすいといわれているのは？ 44
Q 09 結局は食べなきゃやせられる？ 48
Q 10 筋トレはいつから始めると効果的？ 54
Q 11 ストレッチでやせられる？ 58
コラム トレーニング動画、どうやって選ぶ？ 64
Q 12 目標を立てるならどっち？ 66

Q13 ひとつだけやるならどっち？ 72
Q14 ストレッチをしても体が柔らかくならないのはなぜ？ 78
Q15 肩こりが改善しない原因はどっち？ 88
Q16 脂肪がたくさん燃えるのはどっち？ 94
Q17 やせやすい食事のタイミングは？ 98
Q18 ダイエットを成功させる食事はどっち？ 102
Q19 ダイエット中の食事で重視するべきことは？ 106
Q20 ビジネスパーソンがしてはいけないダイエット法は？ 116
Q21 体重を量る頻度、正しいのはどっち？ 120

Q22 運動するならどっち？ 126
コラム スポーツジム、どうやって選ぶ？ 132

上級編 実践する

Q23 お腹を凹ませるならどっち？ 134
Q24 脚を細くしたいならどっち？ 142
Q25 有酸素運動の脂肪燃焼量が多いのは？ 150
Q26 脂肪燃焼効果が高い順番は？ 154

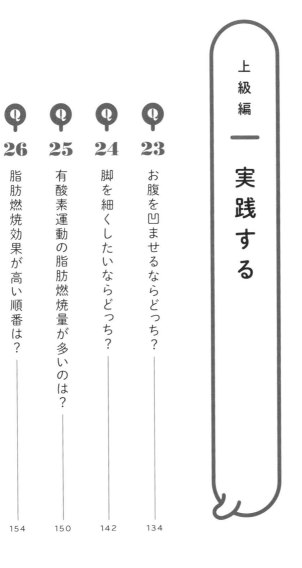

Q27 デスクワークしている人が運動するなら？ 160
Q28 市民マラソンがこれだけブームになった理由は？ 164
Q29 「5㎞走る」を目標にしていたのに、仕事で遅くなってしまいました。あなたの選択はどっち？ 170
Q30 ウォーキングやジョギングをするときに必要なのはどっち？ 176
Q31 やせるのはどっち？ 182
コラム パーソナルトレーナー、どうやって選ぶ？ 188

初級編

考え方を変える

Q01 人間には絶対にできないことはどっち？

A

運動

B

エラ呼吸

正解はこっち!

B

エラ呼吸

人間には絶対にできないことがあります。
でも、運動はあてはまりません。

「運動音痴だし筋肉もないし、運動でやせるなんて無理です」

「体力がないからランニングなんて、絶対にできません!」

やせたい、お腹を凹ませたい、でも運動を続けるのは難しい……という方と話していると、必ず言われる言葉です。

たしかに私たち人間には、「絶対にできないこと」があります。エラ呼吸もそのひとつ。なぜなら人間の体には、エラで呼吸するシステムが搭載されていないからです。

でも、運動は「絶対にできないこと」にはあてはまりません。人間の関節や筋肉は、どんなに運動神経がなくても、体力に自信がなくても、運動ができるように作られているからです。

みなさん、「運動」と聞くとどうしても身構えますが、何もいきなり、家トレやジムに通って、ムキムキの筋肉を作ったり、1時間走ったりする必要はありません。

今の自分の生活にひとつ、「ちょっとしたチャレンジ」をプラスするだけで、それはもう立派な「運動」なのです。

もしもあなたが、五輪に出場するレベルのアスリートであれば、毎日、外出時に、マンションの階段を駆け上がったり駆け下りたりしても、運動のうちに入りません。

でも、普段まったく歩かない人や、常にエレベーターやエスカレーターを使っていた人が、ウォーキングを始めたり、必ず階段を使うようになったりすることは「ちょっとしたチャレンジ」になります。胸を張って「今日も運動した！」と言っていいのです。

どうでしょう？　そう考えると、「運動」は不可能ではないと思いませんか？

いきなり「5㎞走らなきゃ」などと、自ら運動のハードルを上げなくてＯＫ。まずは、「ちょっと疲れる」「息が上がる」ような小さなチャレンジ（Ｐ19）を見つけることから始めましょう。

Q02 最近、疲れやすくなった理由は？

A

年をとったから

B

動かない生活を送っているから

正解はこっち！

B

動かない生活を送っているから

動けば疲れる？　いや、動かないから疲れるのです。

ちょっと階段を駆け上がっただけで、心臓がバクバクする。平日は仕事でヘトヘト、休みの日はついゴロゴロと過ごしてしまう……。みなさん、体力が落ちたことを実感すると「やっぱり年かな？」と思うようです。

実は、「年をとると体力が低下する」説に、科学的根拠はありません。今、学生時代や20代の頃と同じように動けないのは、年をとったからではなく、単純に、日々動かない生活を送っているからです。

人間の体は、置かれた環境や習慣に合わせて、どんどん適応していくという性質があります。例えば、デスクワーク中心の仕事に就いている方は、始業から終業時間までの大半を、座って過ごします。すると体は、それに耐えられるだけの筋肉量があれば十分、と考え、必要のない筋肉はどんどん削ぎ落とされます。

筋肉量が減ると、少ない筋肉で体を動かさなければならず、疲れを感じやすくなります。すると、体を動かすことがおっくうになり、ますます体を動かさなくなります。この繰り返しにより、どんどん心肺機能が衰えていき、ちょっと走っただけで、息切れしたり、心臓がバクバクしたりするようになるのです。

でも、**人の体が環境や習慣に合わせてどんどん変わるならば、逆に環境や習慣を変えることで「疲れにくい体」になるのも、決して難しくはない**、ということです。

疲れない体づくりの第一歩は、普段の生活の活動量を上げることです。買い物時にできるだけ車を使わない、エスカレーターやエレベーターを使わない、休日に家じゅうを雑巾を使ってピカピカに磨き上げたり、子どもとスポーツを楽しんだりするのも効果的です。

最終的には運動習慣をつけるのがベスト。とにかく普段の活動量をしっかり上げて、体を使うクセをつけるだけで、筋力、柔軟性、持久力は自然とついてきますよ。

覚えて
おきたい

運動不足が続くと、若くても心肺機能、筋肉量、柔軟性の3つの低下が起こります

人間の体は置かれた環境に合わせて変化するという性質があります。普段から体を動かさないと、体を動かすことに必要な、心肺機能、筋肉量、柔軟性が低下。年齢は関係ないのです。

小さなチャレンジを見つけよう

ポイントは「少し息が上がる」「少しキツい」など、「ちょっとしたチャレンジ」レベルの運動を見つけること。そのほか、「生活のなかで便利なものを使わない運動」もおすすめです。

基礎編

▶階段を使う

階段を見つけたらエスカレーターやエレベーターを使わないで上ろう

▶階段1段飛ばし、駆け上がる

いつも使っている階段を1段飛ばしで上ったり、駆け上がったりしよう

▶階数を増やす

オフィスや自宅マンションの階段を、目的階よりも1～2フロア分余計に　上り、下りてこよう

▶早歩き

通勤路を歩くときは、腕を大きく振りながら、歩幅広めで息が上がる程度のスピードで早歩きしよう

応用編

▶インターバル速歩

「1ブロックごと」「信号ごと」などと決めて、普通歩きと早歩きを繰り返そう

▶インターバルジョグ

「インターバル速歩」になれたら、速歩とジョグ※を交互に繰り返す「インターバルジョグ」にトライしよう。「2ブロックごと」「3分ごと」など徐々に切り替える距離を延ばそう。

※早歩きよりも少し早い程度のスピードで走る、ゆっくりペースのランニング。

Q03　ストレスを発散するならどっち？

A

飲んだり食べたりする

B

歌ったり踊ったりする

正解はこっち!

B

歌ったり踊ったりする

おいしい食事もお酒も、ストレス発散にはなりません。

「ストレスコーピング」という言葉を聞いたことはありますか?

これは、日常生活における様々なストレスに対処するための方法で、ストレッサー(ストレスの原因)から「距離を置く」「回避する」「ストレスの耐性を高める」「ストレスを忘れる(気分転換)」など、いくつかアプローチの種類があります。

例えば、仕事がストレッサーだった場合、仕事量を減らすことは「ストレッサーを軽減する」、転職は「ストレッサーを回避する」にあたります。また、趣味に没頭するのは「ストレスを忘れる」方法です。

ストレスがたまると、「ヤケ食い」「ヤケ酒」にはしる方がいますが、この行動はストレスコーピングとしては適切ではありません。

なぜなら、おいしいもの、好きなものを食べたり飲んだりすると「脳内麻薬」とも呼ばれるドーパミン（詳しくはP28）が分泌され、「もっと食べたい」「もっと食べたい」という欲求が膨らむため。結果、摂取カロリーのオーバーにつながります。

とくに危険なのがお酒です。

ストレスに対処する方法としてお酒を使うと、アルコール依存症につながる恐れがあり、また飲み過ぎれば、肝疾患や糖尿病、様々ながんなどの病気のリスクが上がります。

ですからダイエットしたい、健康に気をつけたいと考えている人にとっては、ストレスを発散するどころか逆効果になってしまうのです。

たしかにお酒を飲むと、一瞬、楽しい気持ちになり、「ストレスを忘れる」ようにも感じます。でも実際は、ただ酔っているだけ。ストレッサーの根本的解決にはなっていません。

自分へのご褒美に好きなものを食べたり、お酒を飲んだりすることを否定しているのではありません。要は**「食べたり飲んだり」をストレスの発散法にしない**ことが大事です。

ストレスを発散したいなら、「歌ったり踊ったり」することのほか、映画を観る、本を読む、スポーツをする、友人や家族と長電話をするなど、「食べる・飲む」以外の楽しみをたくさん見つけてください。今よりも毎日が楽しくなるうえ、ストレス太りの心配からも解放されますよ！

Q04 ダイエットしようと決意しても「どうしても食べてしまう」のはなぜ？

A 意志が弱いから

B

そこに食べ物があるから

正解はこっち!

B

そこに食べ物があるから

食欲をコントロールできないのは意志が弱いからではありません。

ダイエットを決意したのに、スイーツや好物がやめられず、ついつい手がのびてしまう……。そのたびに、自分の意志の弱さにガッカリしていませんか?

でも、そんなに自分を責めないでください。なぜなら**「つい手が出てしまう」原因は、やる気の低さや意志の弱さではなく、脳の機能の誤作動によるもの**だからです。

食欲をコントロールしているのは、脳の視床下部にある中枢神経です。中枢神経の「満腹中枢」が正常に働けば満腹を感じて食欲が収まり、「摂食中枢」が働けば空腹を感じ、食欲がわきます。ところが、ストレスの影響により自律神経の働きが悪くなると、満腹中枢や摂食中枢が正常に機能せず、食欲の制御ができなくなるのです。

私自身、例えばアスリートの合宿や大会の遠征に帯同すると、食事を摂ったばかりなのにコンビニに行って甘いもの（大好物なんです……）を買い、2個3個と食べてしまいます。

でも、日常生活に戻れば、自然と普段の食生活に戻っていきます。

私の場合、大会前のプレッシャーの環境下にあるとストレスになり、食欲の暴走につながるようです。

このように、もしダイエット中に食欲が暴走したら、まずはストレッサー（ストレスの原因）となる出来事、きっかけはなかったかを振り返ってみましょう。原因がわかれば、対処の仕方もわかり、食欲の暴走も止められます（ストレスの対処法はQ3を参照）。

ただ、ダイエット中に限って思わず食べ物に手がのびてしまう、という場合は「ダイエット」があなたにとってのストレッサーかもしれません。

その場合はまず、「ダイエットしなきゃ！」「やせなきゃ！」という気持ちを捨ててください。

そもそも、ダイエットをしたい、やせたいと思い立ったのにはきっと、「こうなりたい」という理由があったはずです。「結婚式で好きなドレスを着こなしたい」「同窓会で友人に〝キレイだね〟〝若いね〟といわれたい」などなど。

「〜しなきゃ」ではなく、「なりたい」自分の姿を想像しながら、ポジティブに励むことが大事です。

考え方ひとつで、ダイエットが「ストレッサー」ではなく「目標」に変わりますよ。

さて、もうひとつ「つい手が出てしまう」要因として、「ドーパミン」という脳内物質が影響していることが考えられます。このパターンは、「おいしいものが大好き」という食道楽の方に見られます。

人は予測していた報酬よりもよい報酬を得られた（報酬予測誤差）ときに〝幸せホルモン〟と呼ばれるドーパミンがドバッと放出され、大きな快感を脳にもたらします。例えば、ケーキを食べたときに、想像していた味よりも実際の味のほうがおいしかったときほど、人は感激し、ドーパミンが多く分泌される、という具合です。

ただし、このドーパミン、〝幸せホルモン〟と呼ばれる一方で〝脳内麻薬〟とも呼ばれます。

ドーパミンが分泌されることによって感じる快楽は、好きな人と会ったときや好きなアーティストのライブに参加したときの高揚感や興奮と同じ。また、スポーツを観戦したときに感じる熱狂も同様です。

一度、ドーパミンの分泌による快楽を味わうと、脳は「もっともっとドーパミンを出したい！」「またこの幸せな感じを味わいたい！」とさらなる快楽を求めるようになります。だから、好きな人と会ったり、ライブに行ったり、スポーツ観戦を楽しんだりする行動を繰り返します。

こうして人は何かにハマっていくのです。

食べ物にハマっていく人は、おいしいもの、好きなものを食べたときに脳がドーパミンによって「報酬を得た」という喜びを感じています。その快感がクセになり、食べたい欲求がどんどん強くなっていくのです。

このループを止めるには、段階的に少しずつ食べる回数を減らしていく方法があります。例えば1日1回、「おいしいものを食べたい！」と思っているなら、それを3日に1日、週末だけ、月に1回のご褒美に……と少しずつ回数を減らしていきます。

最終的には、週末だけ（週に1回）、月1回はカロリーを気にせず、おいしいものを食べに行くという報酬で満足できるようになれば、おいしいものを諦めることなく、ダイエットも大成功！　です。

Q05 「今日は疲れたから運動したくないな……」と思ったらどうする？

A 1日ぐらい大丈夫！潔く寝る

B

ここでやめたら努力が水の泡！
気合でやる

正解はこっち!

A

1日ぐらい大丈夫! 潔く寝る

「今日はやりたくない……」だったらやめちゃいましょう!

ダイエットのために運動を始めると、頑張り屋さんほど、休むことに罪悪感を抱きがちです。でも、誰にだって、疲れて腰が上がらない、時間がない、気持ちが乗らないという日はあります。

そんな日はゆっくりお風呂にでも入り、潔く寝てしまいましょう。心配しなくても大丈夫。今日1日運動を休んだからといって、翌朝、起きたら太っていた! なんてことにはなりません。

どんなに運動が好きな人、運動を習慣にしている人だって、やる気が起きないときはあります。それこそアスリートでもさぼることはありますし、トレーナーの私だって「今日は走りたくないな」と思う日はしょっちゅうです。

これまで運動習慣がなかった人やダイエットを始めたばかりの人が、疲れたから休みたい……と思うのは、ごくあたりまえのことです。

たまった疲労を解消する、もっとも効果的な方法が睡眠です。とくに脳の疲れは眠ることでしか改善されません。運動する気にならないほど疲れている日は、思いきって休みましょう。「休んだ分、明日は頑張ろう」と気持ちを切り替えるほうが、モチベーションも保てますよ。

ダイエットで一番難しいのは、「継続すること」です。だからこそ、最初から頑張り過ぎないでください。

それに、疲れた体に鞭《むち》を打って運動をしても、結局は運動に集中できず、しっかり動けません。すると、筋肉に与える刺激も弱くなります。そのうえ、無理をした反動で「動いたからＯＫでしょ！」「頑張ったご褒美に」と、余計な食べ物に手が出てしまえば、あっという間に運動で消費したカロリーを超えてしまいます。

運動は苦行でも修行でもありません。たまにはさぼったって、いいんです！

Q06 また三日坊主で終わってしまった……。そんなときはどうする?

A さっさと忘れて次頑張る

きちんと反省する

正解はこっち!

A

さっさと忘れて次頑張る

運動って、三日坊主を何回繰り返せるかだと思う。

「どんなダイエットをやっても三日坊主で終わってしまう」

そんな悩みを抱える人は、あなただけではありません。3日どころが、「1日やって終わってしまった」という人も、世の中には本当にたくさんいます。

でも、そのことで「やっぱり運動は向いていない」とか「こんなに意志が弱いからダイエットも続かないんだ」と、自分を責めたり諦めたりしないしないでください。

続いたのが3日でも1日だったとしても、問題ありません。なぜなら、今まで「ゼロ」だったことを、1日でも2日でもできたんです。これだけで、すごい変化だと思いませんか?

新しい習慣を始めても、なんと約8割の人は1年以内に、以前の習慣に戻ってしまいます。それだけ、新たな生活習慣に変えることは難しいのです。

ですから、三日坊主であたりまえ。むしろ3日もできた自分を、よくやった、頑張った、と褒めてあげていいんです。

大事なのは、「やってみる」→「さぼる」→「またやってみる」→「諦める」と、粘り強くリスタートを続けること。これを専門用語で、「逆戻りの原理」といいます。**新たな習慣が身に付くかどうかは、「何日続けられるか」ではなく、やったり、さぼったりしながら、「三日坊主を何回も繰り返せるかどうか」が分かれ道**です。

世の中に、同じ熱量でやる気がずーっと持続する人なんていません。1週間後でも1か月後でも「よし、もう一度やってみよう!」という気分になったときに、また始めればいいのです。

それに、運動は毎日続けられなくても、永遠にやめてしまわない限り、血行の促進、代謝アップ、気分転換など、体にプラスの効果を与えます。

三日坊主も繰り返せば、立派な運動習慣です!

Q07 続くのはどっち？

A

流行りのグッズを試してみたら、体が引き締まってきた気がする。明日も頑張ろう！

B

テレビで「筋トレするならスクワット」っていってたけど、正直ツラい。なんとか頑張るか……。

正解はこっち!

A

流行りのグッズを試してみたら、体が引き締まってきた気がする。明日も頑張ろう!

大事なのは他人の声よりも自分自身の「効いている!」感覚です。

「自分に合う運動が見つからない」「おすすめされた運動を試してみても、どうしても続かない」という人は、次のことを知っておいてください。

運動そのものを面白い、楽しいと思うか。そしてやせる、うまくなるなど、運動の効果を認識できるか。この2つを感じられると、誰もが自発的に運動を継続できるようになります。

少し専門的な話をさせてください。

心理学では人が何か行動を起こす際、その行動に対して「肯定的態度」を持っていると、行動に移す可能性が高くなると考えます。

肯定的態度は「評価態度」と「感情態度」の2つの要素から成ります。「評価態度」とは「意味がある」「有効である」といった価値観、「感情態度」は「楽しい」「面白い」など、実際にやってみて抱いた感情です（P42）。

例えば、ダイエットのためにランニングを始めたとします。「有酸素運動は体脂肪を燃やすからダイエットに効く」と認識していれば評価態度は肯定的になります。逆に「ランニングってなんで有効なの？　わからない」となれば否定的になります。

また、やってみて「楽しい」「簡単」と思えば感情態度は肯定的、「ツラい」「つまらない」と思えば否定的になります。さらに言えば、「たしかにやせると思うけれど、キツいし退屈」と感じているならば、肯定と否定が〝ミックス〟の状態です。

もしあなたがいま「苦手」と思っている運動でも、感情・評価ともに肯定的になると、まるで魔法にかかったように、続けられるようになるのです。

運動以外で、自分が継続しているものに置き換えてみてください。例えば読書が趣味の人は、本を読むことは自分にとって「有意義であり、楽しい時間」と感じているでしょう。苦手な人は「知識や見識は得られるかもしれないけど、文字を読むのはやっぱり面倒だし退屈」などと考えてしまい、結局、継続しません。

自分にとって「いい！」と思う運動を見つけよう

評価態度	
(+)	(−)
効いている　体によさそう　筋肉・体力がつきそう　引き締まりそう　柔軟性がつきそう　など	動作がわからない　効いている気がしない　難しい　意味がない　体が硬いから無理　など

感情態度	
(+)	(−)
楽しい　簡単　面白い　続けられそう　ワクワクする　など	キツい　ツライ　面倒くさい　どうせ変わらない　つまらない　など

運動を続けるコツは、「評価態度」と「感情態度」が両方プラスになる運動を見つけること。他人の評価ではなく、自分に合ったものを見つけましょう。

いくら理論上、消費カロリーが多くても、筋肉量を増やすのに効果的でも「効いている気がしない」とか「楽しくない」と思っているうちは、結局続きません。しかし、どんなに消費カロリーの高い運動でも、やせようと思うならば、ある程度の期間、継続しないと成果は出ません。

つまり、**成果を出すための第一歩として、自分が続けることのできる運動を見つけることは、とても大切**なのです。

正しい理論や他人の評価は参考になりますが、自分にとっての正解——続けられる運動——になるとは限りません。ぜひ、いろいろな運動やスポーツ、ダイエットの方法を試しながら、「効きそう」「楽しい」と感じるものを見つけてください。

覚えて
おきたい

運動の効果は
体重や体形など、
見た目の変化以外にも表れます

いろいろな角度から運動を評価してみましょう。
小さな体の変化に目を向けると、「プラスの評価」にたくさん気づけます。

肩
肩こりが楽になっていませんか?
口癖
「疲れた～」というぼやきが減っていませんか?
腰回り
以前よりすっきりした感じはありませんか?
脚
いつもの駅の階段を上ったときに、呼吸も脚も楽になってませんか?
血圧などの数値
血圧や朝起きたときの心拍数などが下がっていませんか?

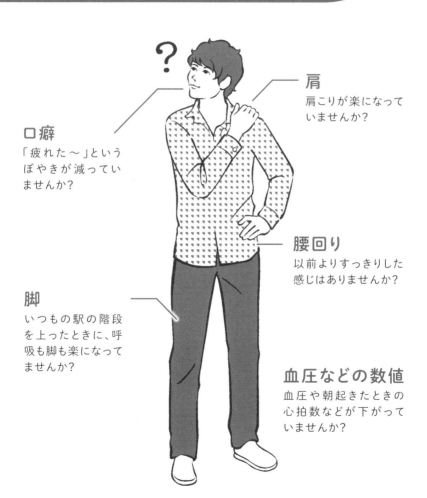

Q08 より続きやすいといわれているのは？

A

ひとりで黙々と運動する

黙
々
スーハー
スーハー
運動とか何かやってるの？
いや～とくに何も…

B

SNSで運動していることを公表する

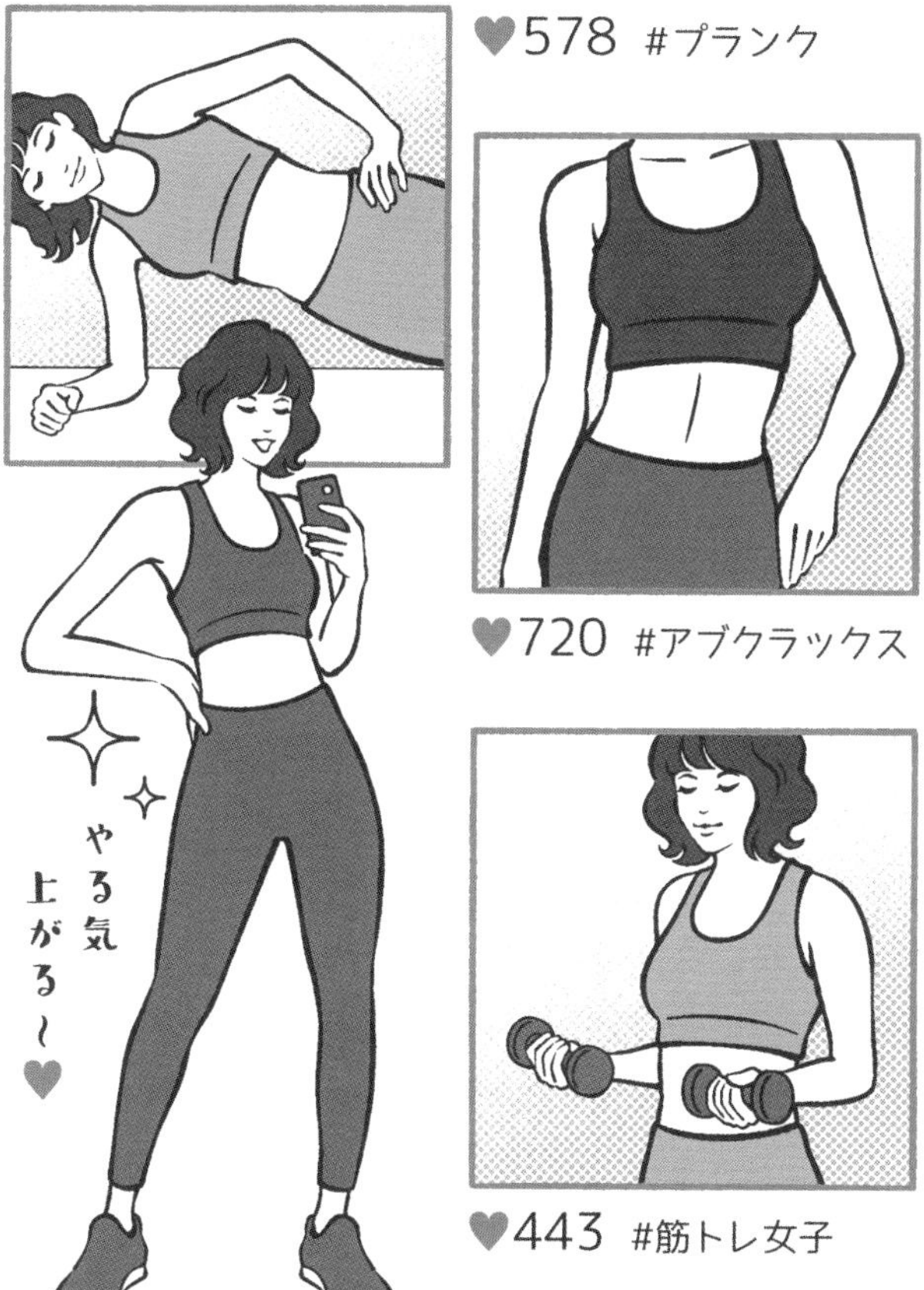
♥578 #プランク
♥720 #アブクラックス
♥443 #筋トレ女子
やる気上がる〜♥

正解はこっち!

B

SNSで運動していることを公表する

運動はひとりでやるよりも誰かとやるほうが続きます。

ダイエット仲間を作る、周りを巻き込むことは、挫折を阻止する効果的な方法です。目標を持つ者同士、頑張っている姿を見たり、サポートし合あったり。友人や家族、仕事仲間に「すごいね!」と褒めてもらったり。このような人からの励ましの言葉や「見られている」という意識、同じ目的を持つ仲間の姿を見ることはすべて、継続の原動力になるからです。

ダイエットや運動に挫折する大きな原因のひとつは、ひとりで考えひとりで実行し、ゴールが見えなくなることにあります。とくに成果がなかなか出ないと、「やせないかも」「意味がないかも」と、どうしてもネガティブになりがちです。そんなとき、目標を共有する仲間がいると「○○さんはやせなくなったとき、△△したんだって」という情報が入れば打開策につながるし、「彼女にできたのだから自分にもできるはず！」と、落ちた気持ちを奮い立たせるきっかけにもなります。

「誰かと一緒」に運動する方法は、いろいろあります。

まずはパートナーや友人、家族といった身近な人と一緒に、ウォーキングやランニングをしたり、ジムに行ったりする。ランニングサークルや、テニスなどのスポーツサークル、スクールに入るのも手です。

スポーツジムなら、ひとりで黙々とウエイトトレーニングやトレッドミルを続けるだけでなく、スタジオのグループエクササイズに参加する。パーソナルトレーナーをつけるのもアリです。

「そうはいっても、私はひとりが気楽だから……」という方は、SNSで運動仲間を見つけたり、ダイエット宣言をして、日々のトレーニングの内容や成果をアップするのも効果的です。

誰かにかけられる褒め言葉や励ましは、モチベーションを保つ、絶大な力になります。リアルでもSNS上でもいい。励みになる仲間や応援団を見つけましょう。

Q09 結局は食べなきゃやせられる?

A

イエス!

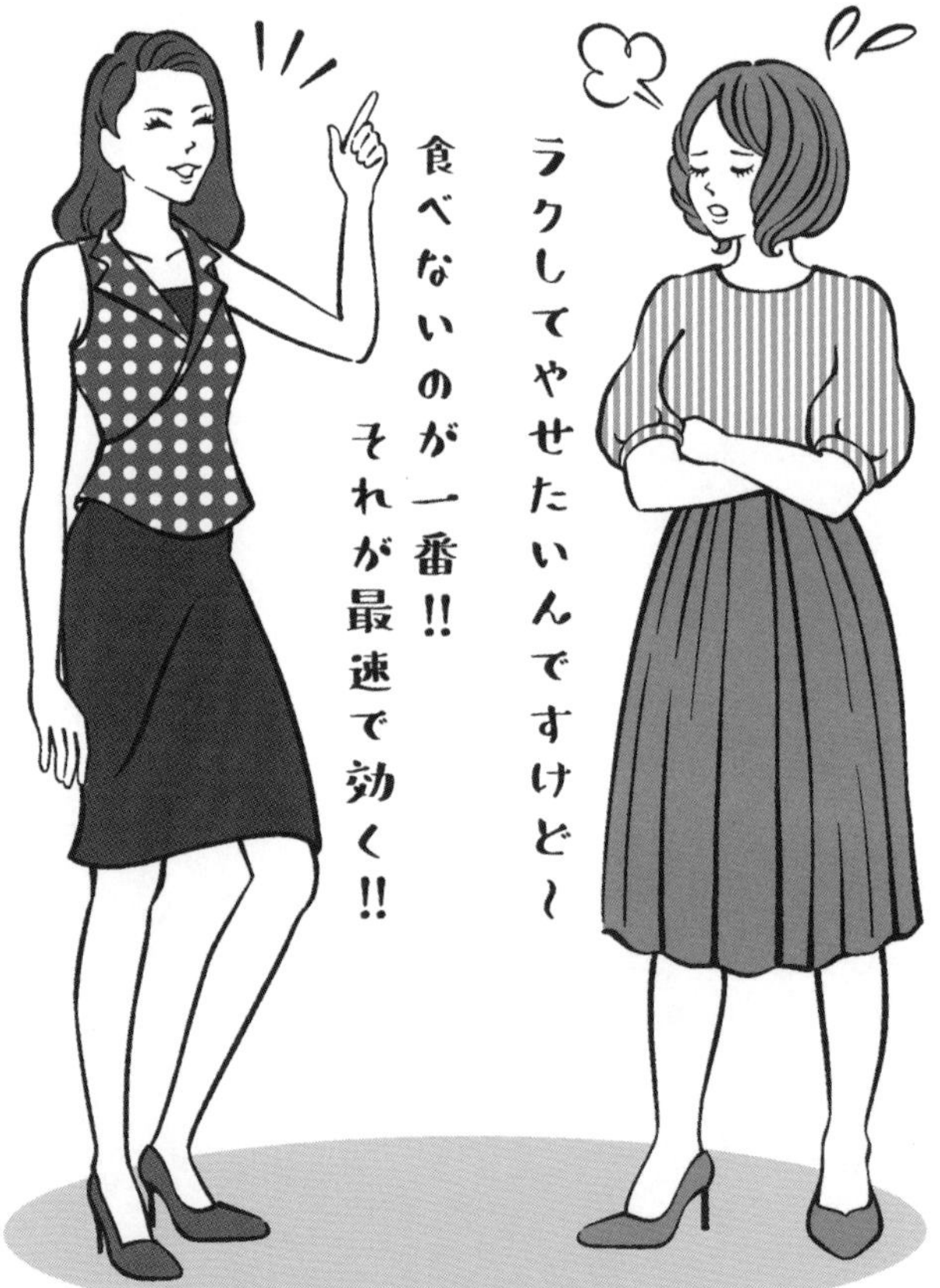
ラクしてやせたいんですけど〜
食べないのが一番!!
それが最速で効く!!

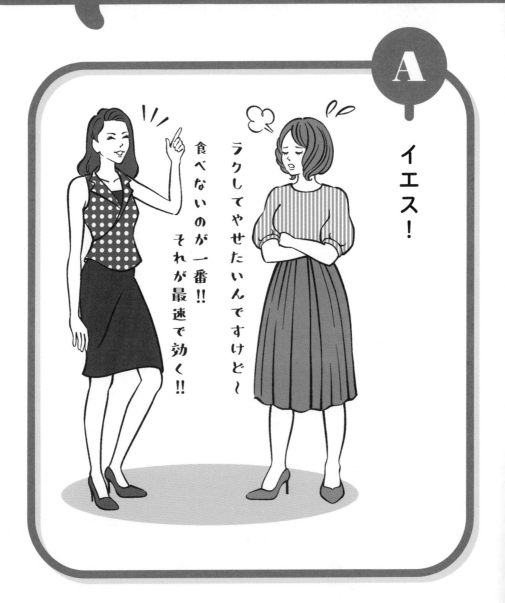

B
ノー！
？
やせる食べ方も
あるんじゃ
ないですかね〜

正解はこっち!

B

ノー!

食べれば太る? いや、食べないから太るのです。

「ダイエット成功の黄金ルール」はたった3つ。「摂取カロリーを減らす」「消費カロリーを増やす」「筋肉をつける」です。日々の消費カロリーが摂取カロリーを上回れば、体脂肪が減り、誰でもやせられます。

摂取カロリーは、ちょっとした食事の工夫で減らすことができます。例えば、ご飯を大盛りから普通の量に控える、おやつを脂質の多い洋菓子から少ない和菓子に変える、メインのおかずを揚げ物や炒め物ではなく、煮たり焼いたりした肉や魚にする、など。このような、小さな心がけで摂取カロリーは無理なく減らせます。

一方で、極端な食事制限をして、失敗を繰り返している方も少なくありません。

極端な食事制限によるダイエットのやっかいな点は、一時的には体重が減少し、見た目もほっそりしてくることです。しかも数日、数週間で変化を感じられるため、「やせた！」という達成感も大きい。だからみなさん、「ついやってしまう」のでしょう。

しかし、極端な食事生活を続けている間、栄養は間違いなく不足します。すると、目には見えなくとも、体脂肪だけでなく、筋肉量もどんどん減ってしまうことになります。これがリバウンドや、太りやすい体を作る原因になるのです。

私たちトレーナーがやせたい方たちに、繰り返し「筋肉をつけましょう！」と提案するのは、**筋肉は自動的にたくさんカロリーを消費してくれる**からです。

筋肉が1kg増えるだけで、消費カロリーは約50kcalアップします。筋肉量が2kg増えれば約100kcalです。つまり、食事の量を減らさなくても、以前より約100kcalも多く消費できる体になります。

反対に、今より筋肉量が2kg減ってしまうと、それまでと同じ食生活を送っていれば、日々、約100kcal分のエネルギーが余り、体脂肪として蓄積されます。

体のなかでもっともエネルギーをたくさん使う器官は筋肉です。極端な食事制限を繰り返すと、筋肉の「材料」となる栄養が不足し、筋肉量がどんどん減っていきます。筋肉量が減れば、消費カロリーが減ります。つまり**極端な食事制限は、ダイエットの黄金ルールである「消費カロリーを増やす」「筋肉をつける」に反する方法**なのです。

ここまで読んで、「つまり筋トレをして、筋肉をつければやせられるのね」と理解された方も、もう少しだけ読み進めてください。ここに、迷宮入りしやすい落とし穴があります。お話ししたとおり、筋肉が増えれば消費エネルギーもアップするので、体脂肪も減りやすく、つきにくくなります。そして筋肉量を増やすには筋トレをするのが一番の近道です。でも、筋トレだけでは筋肉は作られません。そもそも体に栄養が入ってこなければ、トレーニングをしても筋肉量は効率よく増えません。

「筋トレはしているのに、筋肉がつかない」という方の話をよくよく聞くと「ダイエットのための筋トレだから」と、厳しい食事制限を行っていたり、摂取カロリーをかなり抑えていたりする傾向があります。

極端な話、摂取カロリーをゼロにすれば、誰でも体重は落ちます。しかしこの状態で筋トレをしても、栄養が足りていないので筋肉量は増えません。これでは、どんなに頑張っても「やせやすい体作り」にはたどり着けません。

「食べなきゃやせられる」は間違いではありませんが、食べない生活はずっとは続けられませんし、いつかは「やせ止まり」ます。**摂取カロリーをコントロールするだけでなく、筋肉量を増やして体をまめに動かす。この3つがそろって初めて、ダイエットの成功が見えてきます。**食べながら引き締めて、食べても太らない体を目指しましょう！

覚えておきたい

筋肉が増えると、もれなく消費されるカロリー量が増えます

筋肉が1kg増えるたびに、約50kcalのエネルギー消費量がアップ！　筋肉が+2kgなら+約100kcal、+3kgならば+約150kcalも、勝手に燃える体になります。

150kcalの目安

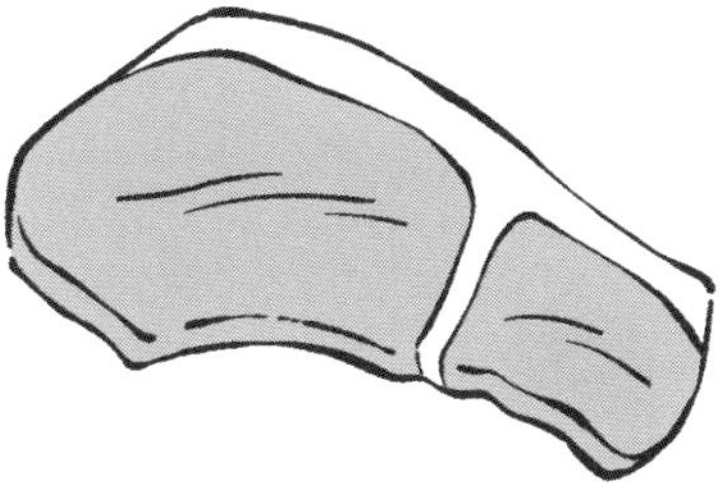

運動に換算すると

・体重75kgの人でジョギング2km、50kgの人で3kmに相当

食べ物に換算すると

・ご飯90g、豚肉赤身ロース100g、大トロ1貫、板チョコ1/2枚（約25g）、みたらし団子1本（80g）、ビール1缶（350ml）、カフェラテ1杯　など

Q10 筋トレはいつから始めると効果的？

A

今この瞬間から

B

代謝が上がりやすくなる春から

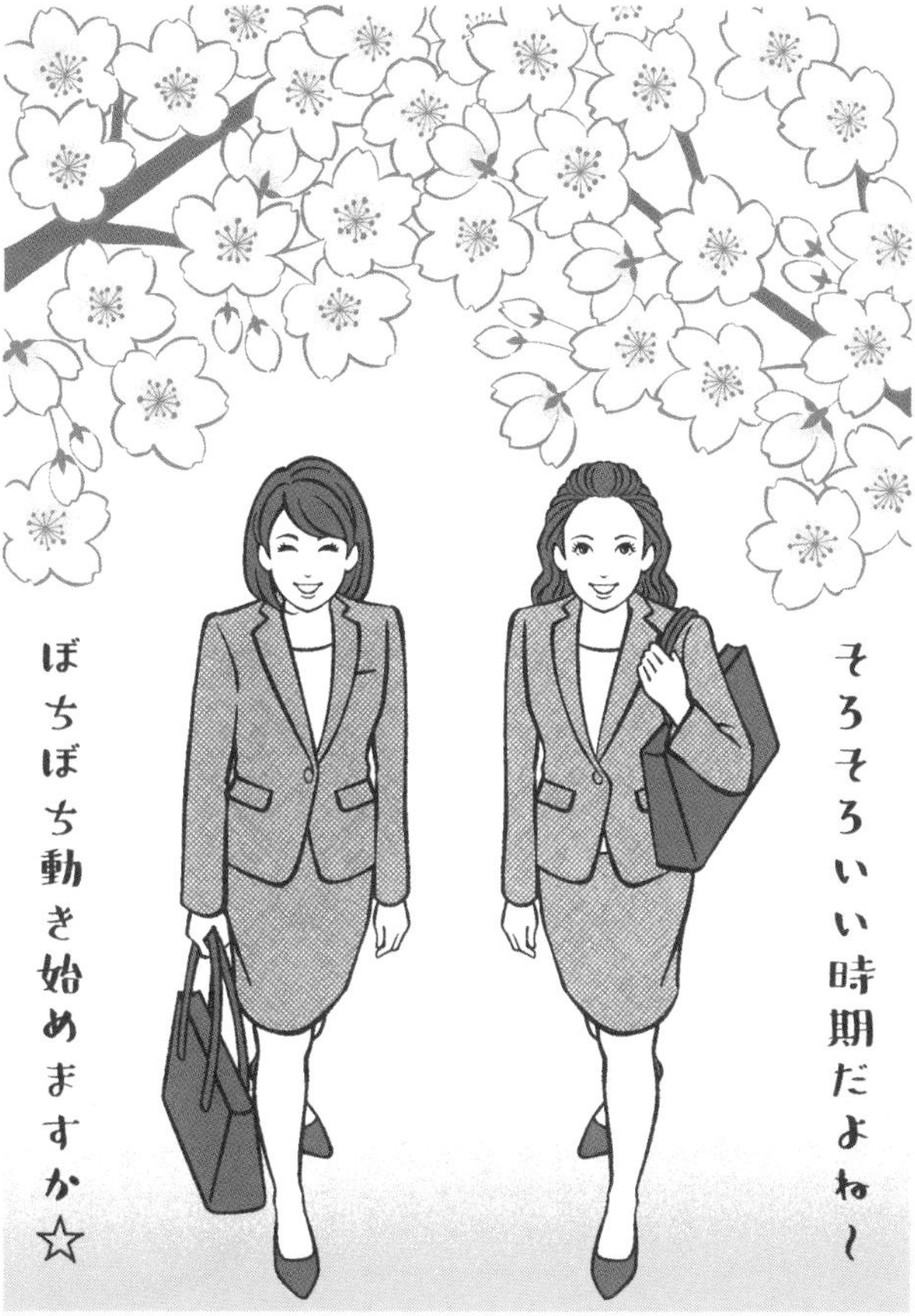
そろそろいい時期だよね～
ぼちぼち動き始めますか☆

正解はこっち!

A

今この瞬間から

若いほうが効果は出やすい。そして今、この瞬間が一番若い。

人はまったく運動をしていないと、20歳を境に、年々、約1%の割合で筋肉が減少していきます。

代わりに増えていくのが体脂肪。ざっと計算すると、年1kgずつ増えることになります。このペースで10年、20年と体脂肪が増え続けることを考えると、本当にオソロシイと思いませんか?

筋肉の素晴らしいところは、何歳から始めても鍛えられる、という点。

筋肉がつくスピードは10代、20代のうちがもっとも早いのですが、筋肉量は60代でも70代でも、90代になっても、筋トレを続ければ間違いなくアップします。

冒頭でもお話ししたとおり、人は20歳を境に自然と筋肉量が落ちていきます。ですから、**筋トレを始めるのであれば、筋肉量がもっとも多い「今」がベストタイミング**です。

さらに、筋肉は〝貯筋〟できます。一度筋肉をつけると、運動をやめたあとも、体に「筋肉があったこと」が記憶されます。これは「マッスルメモリー」といって、筋トレをやめた時期があっても、再び鍛えることで筋肉の記憶がよみがえり、ゼロから鍛えるよりも短期間で、元の筋肉量を取り戻せるのです。

ということは、今のうちに少しでも筋肉をつけておけば、後々、楽ができますよね。

20歳を超えたら、筋肉は待ったなしで落ちていきます。加えて、階段を使わない、食事は宅配、掃除もロボットにお任せなど、体を使わない生活にどっぷりつかっていれば、ドドドドドと、山肌を転げ落ちる勢いで落ちていきます。結果、気づいたらお腹ぽっこりの中年体形に。それどころか、メタボリックシンドロームになったり、自分の脚で歩けなくなる恐れもあります。

筋トレは、思い立ったが吉日です。のんびりと暖かい季節を待つよりも、1日でも早く始めるほど、効率よく鍛えられます。「やってみようかな？」と思ったら、腹筋でもスクワットでもＯＫ。今すぐできそうなトレーニングから始めてみてください。

Q11 ストレッチでやせられる?

A

もちろん!　やせられる

ていねいに続ければ
期待できるはず☆

B

ストレッチだけじゃ無理でしょ

正解はこっち!

B

ストレッチだけじゃ無理でしょ

「ストレッチでやせますか?」は「ごみ捨てでやせますか?」とほとんど同じです

Q9(P50)でもお話したとおり、日々の摂取カロリーを消費カロリーが上回れば、誰でも確実にやせることができます。

そのためには、

①筋肉をつける
②消費カロリーを増やす
③摂取カロリーを減らす

の、3つの黄金ルールを実践する以外、方法はありません。

では、ストレッチはダイエットの3原則のうち、どれにあてはまるでしょうか?

まずは①について。筋肉はトレーニングによって傷つき、修復されることを繰り返しながら太くなります。太くなる、つまり筋肉のサイズが大きくなるので、筋肉量が増えます。でも、残念ながらストレッチでは筋肉が傷つくほどの強い刺激を加えられません。ですから、ここにはあてはまりません。

また、②についてですが、残念ながらストレッチの消費カロリーはとっても少ないので期待薄です。

運動による消費カロリーを計算する際に指針となるのが、体の活動強度を示す「METs（メッツ）」という単位です。ストレッチの強度をMETsに換算すると、2・5METs（P63参照）。これは、ごみ捨てとほぼ同じ。つまり、「ストレッチだけでやせますか?」という質問は、「ごみ捨てに行けばやせますか?」と聞いているのと同じなんです。

そして当然、ストレッチは食事ではないので③もあてはまりません。以上のことから、「ストレッチだけ」でやせることは難しいでしょう。

ストレッチをする時間があったら、筋トレや有酸素運動を行うほうが、断然、近道。とくに運動経験がなく、筋肉の少ない人は、筋トレを最優先して行うのがおすすめです。**まずは筋肉をつけて、代謝のいい体を作る。それから有酸素運動で体脂肪の燃焼を促すプランが、もっとも効率的**です。

ただし、ストレッチも「やせ効果ゼロ」ではありません。例えば体が硬い、あるいは常に肩こりや腰痛などの不調を抱えている人は、ストレッチから始めるのもアリです。

体が硬いと、どうしてもこりや痛み、疲れを感じやすくなります。ストレッチを習慣にし、体が柔らかくなれば、慢性的な不調から解放されます。体の状態がよくなれば、歩くことやこまめに体を動かすことが苦にならなくなり、自然と日々の活動量が上がってくると思います。

このように、ストレッチだけではやせられませんが、やせやすい体作りはできます。「いきなり筋トレや有酸素運動をやるのは無理」「運動不足であまりにも体が硬い」「こりや痛みがある」という人は、欲張らず、ストレッチから始めてみてください。

実際、私が体が硬すぎる方をトレーニングするときは、体のコンディションを整えるところから入り、運動しやすい体を作る計画を立てているんですよ。

動ける体作りから始めることは、決して〝回り道〟ではありません。体の硬さがほぐれ、こりや痛みが軽くなれば、「ちょっと歩いてみようかな」「階段を使ってみようかな」という気持ちが生まれます。

その後、「体が柔らかくなって動きやすくなった」「痛みが軽くなった」「元気が出てきた」という状態になったら、次のステップ、「筋トレ」にチャレンジしてください。

覚えて
おきたい

「METs」は身体活動の強度を表す単位です

横になる、座って楽にしているといった安静時を「1」として考えたとき、様々な生活活動、運動活動で何倍のエネルギーを消費するのかがわかります。

METs表で消費エネルギーをチェック

運動活動	METs	生活活動
	1	安静に座っている状態(1) デスクワーク(1.5)
ヨガ・ストレッチ(2.5)	2	料理・洗濯(2.0) ごみ捨て(2.5)
軽い筋トレ(3.5)	3	犬の散歩(3.0) 掃除機かけ(3.3) 風呂掃除(3.5)
ウォーキング(4.3) 水中ウォーキング(4.5)	4	自転車(4.0) ゆっくり階段を上る(4.0) 通勤や通学(4.0)
かなり速いウォーキング(5.0)	5	子どもと活発に遊ぶ(5.8)
山登り(6.5)	6	シャベルで雪かき(6.0)
ジョギング(7.0)	7	
サイクリング(8.0)	8	階段を速く上る(8.8)
なわとび(12.3)	12	

「改訂版『身体活動のメッツ(MTEs)表』」(国立健康・栄養研究所)

COLUMN

トレーニング動画、どうやって選ぶ？

近年、筋トレ、ヨガ、ストレッチなどのハウツー動画が充実してきました。動画サイトのよい点は、思い立った瞬間、自宅ですぐにトライできること。そして自分好みの運動を簡単に見つけられることです。

逆に注意しなければいけないのは、誰もが発信できるという形態上、間違った情報も非常に多い点。楽しく運動できることも大事ですが、間違った方法、無理な動きを続けているとケガをする恐れがあります。気になる動画を見つけたら、トレーニングを始める前に発信者は何の専門家なのか、どんな資格を持ち、どんな活動をしている人なのかをチェックすることも大切です。

「1日も早くやせたい」「いい体になりたい」という人は、ついつい「腹筋100回にチャレンジ！」「夏までの1か月で二の腕を引き締める！」といった動画に惹かれますが、それらはこれから運動を始めようという人が最優先で選ぶトレーニングではありません。なぜなら腹筋や腕は小さな筋肉なので、使われるエネルギー量が少なく、運動の効率が悪いからです。

最初に選ぶべきは、下半身を中心に使うトレーニング動画。例えば、スクワット中心のプログラムやダンスエクササイズなど。余裕があれば、引き締めたい（鍛えたい）部位にフォーカスした筋トレ動画をプラスします。

トレーニング動画は短時間のものが多いので、できればストレッチの動画も組み合わせて、筋肉の柔軟性も上げていきましょう。

中級編

知識をつける

Q12 目標を立てるならどっち？

A

「できるかできないか」のギリギリがベスト！

B

確実にできる
余裕を持ったレベルがベスト！

正解はこっち!

A

「できるかできないか」のギリギリがベスト!

達成する見込みが50%の目標設定がダイエットの成功率を上げます。

ダイエットを始めても挫折しやすい人は、「2週間でお腹を凹ませたい」「2か月で体重を10kg落としたい」など、非常に高いハードルを掲げる傾向があります。

しかし、高い目標をクリアするためには、当然、食事のコントロールは厳しくなり、トレーニングの内容もハードになります。そのため、どうしても挫折してしまうのです。

かといって、簡単にクリアできる目標を並べても、体への刺激が足りません。ダイエット効果が実感できず、やはり挫折の原因になります。

実はダイエットが成功する人たちには、「目標設定がうまい」という共通する特長があります。

人は目標を達成すると、〝幸せホルモン〟と呼ばれる脳内物質（神経伝達物質）、ドーパミンが分泌され、幸せ感、充実感を味わえます（詳しくはP28）。すると「もう一度、この幸せ感を味わいたい！」と思うので、同じ行動を繰り返すようになります。

つまりドーパミンを分泌させるような目標を設定することで、ダイエットの成功率をぐっと上げることができるのです。

目標は高すぎても、低すぎても、達成感が得られないのでドーパミンは分泌されません。**ドーパミンがドバッと出る目標設定のポイントは、自分にとって「これならできそうかな？」と思うもの、つまり「できるかできないか（フィフティフィフティ）」のラインで考えること。**ズバリ、達成率50％のレベルです。

最初は達成率50％の目標も、繰り返しクリアするうちに、楽々とできるようなります。そうしたら、例えば運動であれば回数、負荷を増やすなどして、次のレベルにステップアップ。すると、目標を達成するたびにどんどんできることが増え、「なりたい自分の体」に近づいていくのです。

覚えておきたい

目標設定は「50-50（フィフティフィフティ）」が正解です

挫折を防ぐために大事なのは、「自分はうまくやることができる」という自信です。正しい目標設定さえできれば、それまで運動や食事のコントロールが苦手だった人も、続けられる可能性はグッと上がります。

やる気が上がらないな…

スクワットを1週間に1回、10回×2セットならラクにできそう！

✕目標が低すぎる

簡単すぎるので達成感が得られず、「またやろう」というモチベーションが上がらない。効果も出ない。

ムリだ、できない…

スクワットを1週間に5日、20回×5セットで100回にチャレンジしよう

✕目標が高すぎる

難しすぎるため予定どおり実行できず「できなかった」という失敗体験でモチベーションが下がる。

よし、できた!!

スクワットを1週間に3日、20回×2セットならできるかも？

○目標が50−50で設定されている

「できるかできないか」が50-50の場合、クリアできると達成感大。「自分にもできた」「またやろう！」とモチベーションがアップし、続けられる。

まずは具体的なプランを書き出してみよう

まずは手帳を開きます。ライフスタイルや仕事のペースを考えながら、達成見込みが50%になるように運動プランを立て、あとはひたすらクリアしていきます。このとき、筋トレや有酸素運動をいつ、どのぐらいやるかを、なるべく具体的に書き込むのがポイントです。
途中で「50%ではなくなってきたな」と思ったらその都度修正を。最終的には、見込みが0%だった目標を50%にすることを目指しましょう。

	見込み
まったく できない だろう	0%
	10%
多分 できない	20%
	30%
	40%
もしかしたら できる かもしれない	50%
	60%
	70%
多分できる	80%
	90%
絶対できる	100%

例：筋トレの場合（腕立てふせ）

このくらいなら できるかも？

腕立てふせ20回1セット　週1回	100%
腕立てふせ20回1セット　週2回	90%
腕立てふせ20回2セット　週2回	50%
腕立てふせ20回2セット　週3回	30%
腕立てふせ20回3セット　週4回	0%

本当はこのぐらいやりたいけど 無理そうだな…

例：有酸素運動の場合（階段&ジョギング）

さすがに簡単すぎたな。もう少しレベルを上げよう

駅の階段を必ず使う	100%
駅の階段&オフィスの階段を必ず使う	90%
すべての階段を毎日使用&週1回5kmのジョグ	50%
すべての階段を毎日使用&週2回5km（合計10km）のジョグ	30%
週3回5km（合計15km）のジョギング	10%
週4回5km（合計20km）のジョギング	0%

Q13 ひとつだけやるならどっち？

A

最寄り駅よりもひとつ遠い駅から歩く

B

駅では必ず階段を使う

正解はこっち!

B

駅では必ず階段を使う

「ひとつ遠い駅から歩くようにしています」

それ、しなくてよいです。

よく見かけるダイエットの記事に、「掃除をしながら、テレビを観ながら、ちょっとした運動をすることで効率よくやせましょう」という〝ながら運動のすすめ〟があります。

率直に言うと、〝何かのついでに動く〟程度の運動では、筋肉量が増えるほどの負荷はかけられないし、劇的に日常生活の活動量が上がることもありません。

筋肉はトレーニングによって傷つき、修復されることを繰り返しながら太くなります。ですから、**体を変えたいならば、筋肉の組織を壊すほどの強い刺激（負荷）を与えられる、強度の高い運動が必要。**〝ながら〟できるほどの弱い運動を続けていても、残念ながらやせません。

「いつも利用する駅のひとつ前の駅で降りて、家または職場まで歩きましょう」

これも、通勤・通学時間にできる代表的な〝ながら運動〟です。でも、平地を歩ける体力のある人にとっては、たったひと駅、ただ歩くだけでは、日常の動作の範囲なので運動にはなっていません（ひと駅の距離が５kmぐらいある人は別ですが……）。

ひと駅歩く時間があるならば、その分、早く帰宅して下半身の筋トレをするほうが、よっぽどダイエット効果があります。

唯一〝ながらやせ〟で効果的といえる方法は、階段の上り下りです。

階段を上り下りする際、私たちは一方の脚だけで体重を支えます。この動きは、下半身の筋力アップが可能です。消費カロリーは、なんとランニングとほぼ同程度。常にエレベーターやエスカレーターを使っていた人なら、今日から階段生活に切り替えるだけで、確実に体が変わるでしょう。

通勤時に階段のある駅や歩道橋を使わない人は、会社内や住んでいるマンションで、常に階段を使って移動するのも手。体力に自信のない人は、まずはビルの5階に相当する階段を、毎日、上り下りするところからスタート。一気にクリアしなくても、1日の合計が「5階分」になっていればOKです。2回、3回に分けてチャレンジしてみてください。

ちなみに、生活圏内のすべての場所——駅やオフィス、自宅マンションやデパートなど

——で、必ず階段を使う生活に切り替えた私のクライアントさんたちは、見事全員、2か月で体脂肪が落ちて筋肉量がアップ。100％やせられました。

階段を使えば、ムダな待ち時間は短縮され、筋肉がつき、体脂肪も燃える。体力だってつきますし、メリットしかないと思いませんか？

だまされたと思って今日から2か月、階段生活を続けてみてください。

さて、ひと駅多く歩く必要はないとお伝えしましたが、ウォーキングを否定するわけではありません。ウォーキングでは筋肉を増やすことはできませんが、歩き方次第で、消費カロリーをアップすることはできます。

コツは、「散歩」から「運動」に変えること。「何歩歩いたか」よりも「運動の強度が十分にあるか」にポイントを置きます。散歩と運動の境目は、体で感じる「キッさ」がカギ。手足を大きく動かし、軽く息が弾むスピードでキビキビと歩く。汗がにじみ、ちょっと苦しいなと感じるぐらいの強度で歩き続けます。

通勤時の歩く時間もうまくダイエットに利用したい、という人は、階段を使うだけでなく、キビキビウォーキング（P77）の実践を。

もちろん、毎日の運動習慣にウォーキングを取り入れたい人も、このペースを守って歩きましょう。

やってみよう

消費カロリーをアップする
キビキビウォーキング

ウォーキングは運動が苦手な人も習慣にしやすい運動のひとつです。
「散歩」ではなく「運動」としての歩き方を覚えましょう。

軽く息が上がるスピードで

会話するのがキツいくらいのスピードで歩くことで、肺がたくさんの酸素を取り込み脂肪燃焼の効率がアップ。また、心肺機能が鍛えられ、疲れにくい体に。

歩幅を意識して

歩幅の目安は身長の45～50%(大股歩き)。歩幅が広がるとお尻や太ももの大きな筋肉も自然と使われて、下半身の筋力がアップ!

歩きやすい靴で

ヒールの高いパンプスや革靴は、十分なスピードが出せません。通勤時に行うときは歩きやすいウォーキングシューズやランニングシューズに履き替えましょう。

Q14 ストレッチをしても体が柔らかくならないのはなぜ?

A 全身が硬いから

B

伸ばす部位が間違っているから

正解はこっち!

B

伸ばす部位が間違っているから

全身硬い人なんて存在しません。

ストレッチを続けているのに、一向に体が柔らかくならない……。こんな悩みを抱えている方がたくさんいます。

みなさん、「私は体が硬いから」と、諦めたように言いますが、全身が硬い人なんていません。ただ、伸ばす部位や伸ばし方が間違っているだけなのです。

そもそも、ストレッチを行うと体が柔らかくなるのは、どうしてだと思いますか？「筋肉が柔らかくなってゴムのように伸び縮みするようになる」と思っている方が多いのですが、そうではありません。

筋肉は筋原線維の集合体です。筋原線維はアクチン、ミオシンというタンパク質からなる、サルコメア（筋節）からできています。ストレッチを正しく続けると、サルコメアの数が増え、筋肉が長くなります（詳しくはＰ87）。筋肉が長くなると関節の稼働範囲が広がるため、柔軟性がアップするのです。

ところが、ここでひとつ問題があります。人間には硬い筋肉と柔らかい筋肉があるのですが、人はストレッチを行う際、もともと柔らかい筋肉ほど、無意識に一生懸命に伸ばそうとする傾向があります。なぜなら、柔軟性の高い部位ほど、伸ばすと気持ちいいからです。しかしそれでは、柔らかいところはより柔らかく、硬い部分は硬いままですよね。

ストレッチは硬い筋肉を優先して行うのが肝です。84～86ページに、柔軟性テストを掲載しました。自分はどこが硬いのかをチェックして、柔軟性の足りないところだけをストレッチしてください。

なお、柔軟性が適切な部位については、毎日ストレッチをする必要はありませんが、それ以上硬くならないよう、定期的にストレッチをしておくことをおすすめします。

正しい方法でコツコツ続ければ、誰でも必ず憧れの柔らかい体は手に入ります。

では早速、本当に効果のあるストレッチの３つのコツをお伝えしましょう。

必ず柔軟性がアップするストレッチのコツ

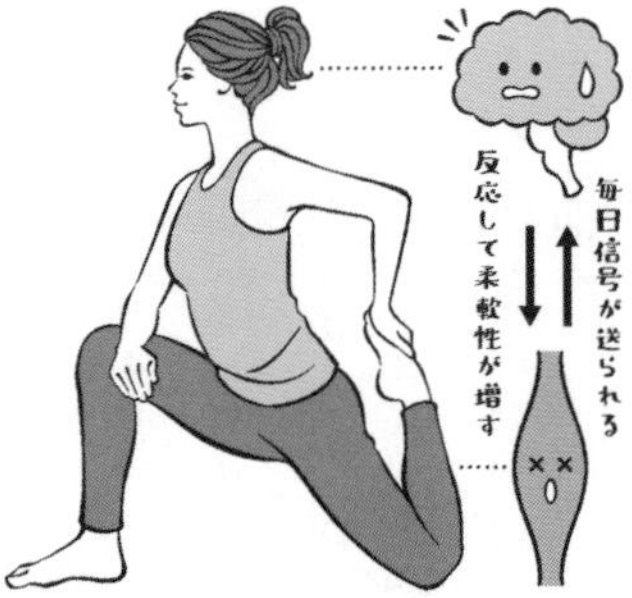

①2～3か月間は毎日ストレッチを行う

毎日、ストレッチで筋肉をグーッと引っ張り続けると、「なぜ、毎日こんなに筋肉を引っ張るんだ？　筋肉が切れてしまうじゃないか！」と、脳が反応。体を守ろうとして細胞分裂を起こし、筋原線維が長くなり、柔軟性がアップします。

大事なのは、**毎日、毎日「早く筋肉を長くしてくれないと切れちゃうよ！」と筋肉に信号を送り続けること**です。毎日、筋肉を伸ばし続けることで、約2～3か月後には柔軟性の向上が実感できます。

②「イタ気持ちいい」強さで伸ばす

脳に「筋肉が切れそう！」と思わせることがポイントですから、「気持ちいい」と感じる程度の弱い刺激では柔軟性の向上は期待できません。

一方、「イタタタ！」と激しい痛みを感じるほど強く伸ばすのもNG。筋線維には筋肉の長さを察知するセンサー（筋紡錘《きんぼうすい》）が備わっています。プルプルと震えるほど筋肉を強く伸ばしてしまうと、センサーが察知。「このままだと本当に筋肉が切れるので筋肉を収縮しなさい」と脳に指令を出し、逆に筋肉を硬くします。

効果的なストレッチの強度は、**伸ばしたときに筋肉がプルプルと震えず、「イタ気持ちいい」と感じる程度**です。

③伸ばしたら「20〜30秒キープ」を2〜3セット行う

一部位に対し、伸ばしてから20〜30秒キープを2〜3セット繰り返します。**20〜30秒伸ばし続けることで、筋肉は余計な緊張から解放されて伸びやすくなります。また、「いったん緩めて再び伸ばす」を繰り返すことで、ストレッチの効果はより上がります。**これは、筋肉を包む組織である「筋膜《きんまく》」による抵抗が下がるためです。

筋膜は体が冷えていると硬くなり、体温が上がると緩むのが特徴です。運動のあとやお風呂上がりにストレッチを行うようにすると、全身の筋膜が自然と緩むので、しっかり伸ばせますよ。

やってみよう

柔軟性テスト

とくに、しっかり柔軟性を維持しておきたい筋肉と部位の柔軟性チェックです。

テストの行い方

❶ テストは10〜15分程度の早歩きやジョギング後、または入浴後の体が温まった状態で行う。
❷ すべて弾みや反動をつけずに行う。ポーズは3秒以上キープする。

※()は重点的にストレッチしたい筋肉名

TEST1

肩関節周辺
（僧帽筋、広背筋、三角筋、上腕三頭筋）

☑ how to

両手を背中に回し、指先の距離で診断。左右行う。

● 適度な柔軟性
指先同士が軽く触れる、離れていても10cm以内である。

● 柔軟性不足
両手の指が10cm以上離れている。

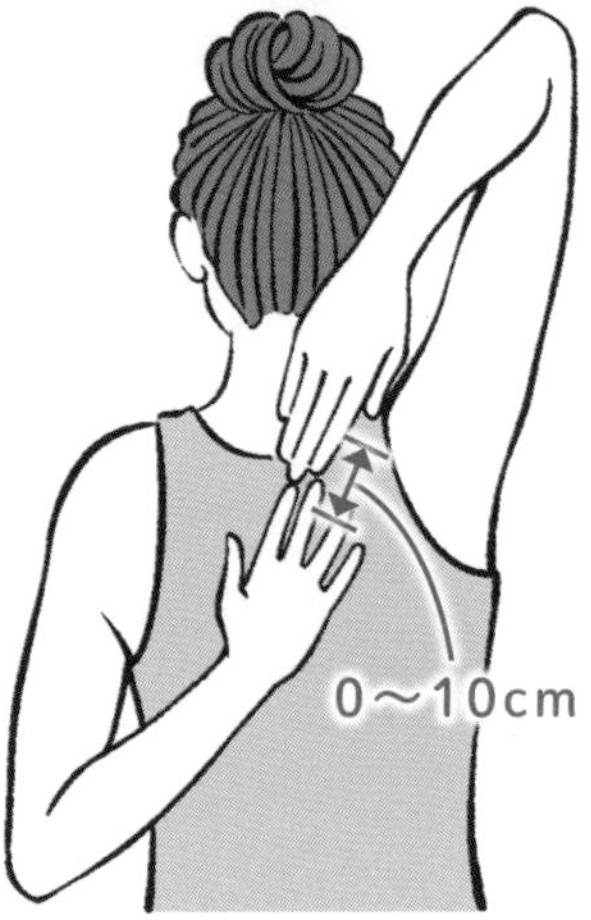

TEST2

殿部（大殿筋、中殿筋）

☑ how to

両手を一方のひざ下に通し、脚を胸に引き寄せる。左右行う。

● 適度な柔軟性
持ち上げた脚のすねが床と平行になる高さで無理なく引き寄せられる。

● 柔軟性不足
持ち上げた脚のすねが床と平行になる高さまで引き寄せられない。

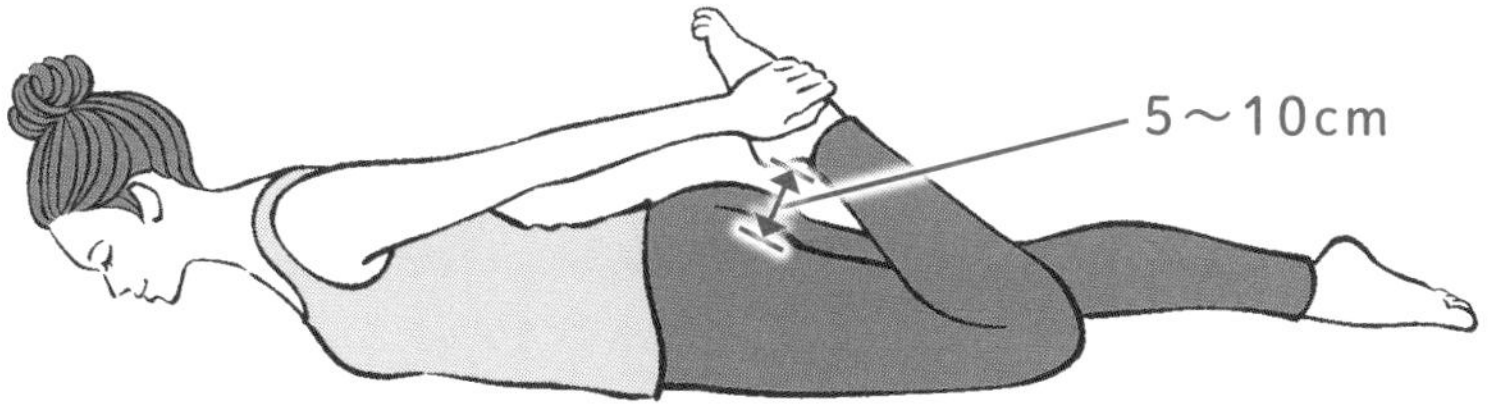

TEST3

ももの裏側(大腿四頭筋)

☑ how to
うつぶせになり、手で足首をつかみお尻に引き寄せる。左右行う。

●適度な柔軟性
かかととお尻の距離が5〜10cm程度なら腰に痛みを感じない。

●柔軟性不足
かかととお尻の距離10cm以上あっても腰が反ったり痛みを感じたりする。または、手で足首をつかめない。

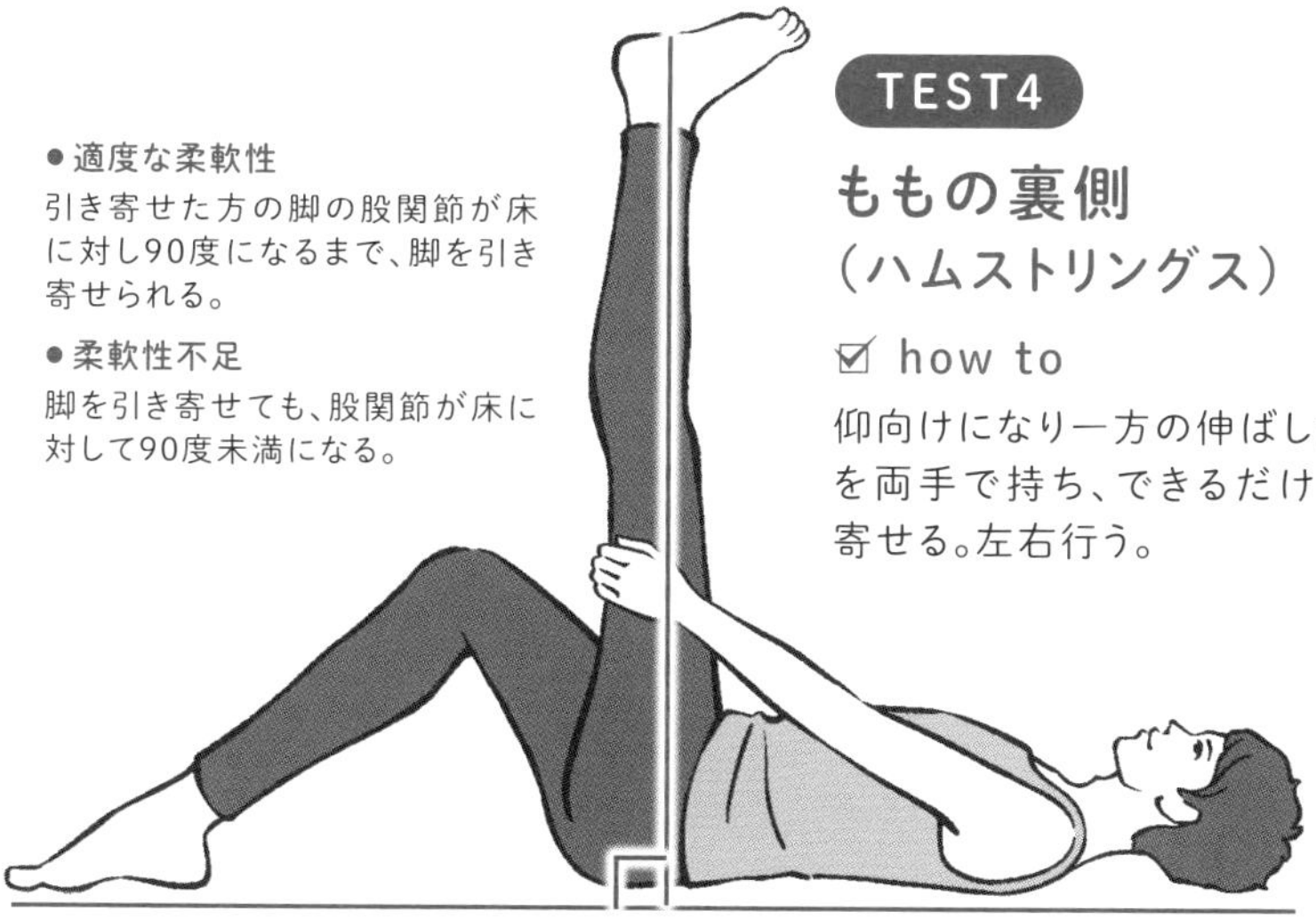

TEST4

ももの裏側(ハムストリングス)

☑ how to
仰向けになり一方の伸ばした脚を両手で持ち、できるだけ引き寄せる。左右行う。

●適度な柔軟性
引き寄せた方の脚の股関節が床に対し90度になるまで、脚を引き寄せられる。

●柔軟性不足
脚を引き寄せても、股関節が床に対して90度未満になる。

TEST5

内もも（内転筋群）

☑ how to

床に座り両脚の足裏を合わせて、ひざの高さをチェック。

●適度な柔軟性
左右のひざと床の間に、それぞれ隙間が拳1～2個程度空く。

●柔軟性不足
左右のひざと床の間に、それぞれ隙間が拳3個以上空く。

TEST6

脚関節周辺
（ヒラメ筋）

☑ how to

両脚を拳1個分程度、開けて立ち、しゃがむ。

●適度な柔軟性
両脚のかかとを床につけたまましゃがみ、両ひざを抱えられる。

●柔軟性不足
かかとを浮かせないとバランスを崩す、しゃがめない。

覚えて
おきたい

ストレッチを続けると誰でも柔軟性が高まります

正しいストレッチを続けると、筋原線維を構成する「サルコメア（筋節）」の数が増え、筋肉が長くなります。ここでは、ストレッチを行うと筋肉にどのような変化が起こるのか、もう少し詳しく説明します。

<イメージ図>

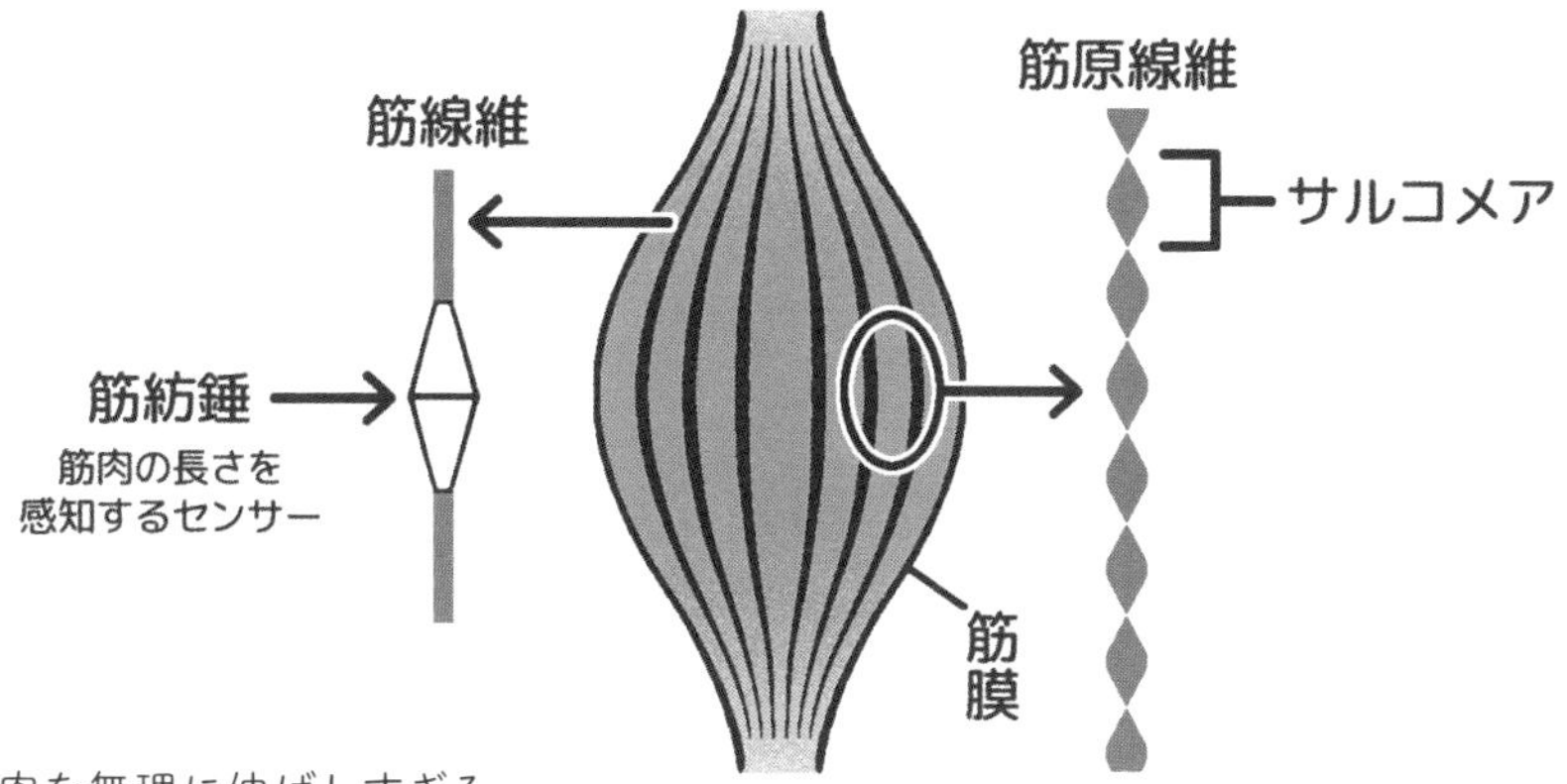

筋肉を無理に伸ばしすぎると、このセンサーが「筋肉が切れそう！」と信号を発信。すると筋肉が収縮してしまい、逆に伸びなくなります。

ストレッチを正しく続けると、サルコメアの数が増えます。この数が増えた分、筋原線維が長くなります。これが「筋肉が長くなる」のしくみです。

Q15 肩こりが改善しない原因はどっち？

A

飽きた…
調子悪くなったの
筋トレやめてからだな

筋トレをしていないから

B

マッサージをしていないから

正解はこっち！

A

筋トレをしていないから

〝万年肩こり〟……なんてありません。

肩こりがひどく、マッサージに行っても楽になるのはほんの一瞬。下手すると、家に帰りつく頃にはこりがぶり返してしまう……。というのはよく聞く話。実は、マッサージに通い続けても、肩こり問題はいつまでたっても解決しません。

「こり」とは、筋肉が緊張し、こわばっている状態を指します。筋肉が緊張すると周囲の血管を圧迫し、血流が不足します。血液は筋肉に酸素と栄養を運ぶ役目を担っているため、筋肉が非常事態を察知し、「酸素と栄養が足りない！」と〝SOS〟を発信。これがこりの正体です。

肩こりになる主な原因は3つ。「筋力不足」「血行不良」そして「ストレス」です。

首から肩を覆う筋肉は約2～3㎏ある腕や、約5～6㎏ある頭を支えています。そのため、「筋力不足」であるほど負担が増し、筋肉が疲れやすく、こりやすくなります。

次に、「血行不良」。今日1日の行動を振り返ってみてください。肩の関節をどれぐらい動かしましたか？　腕を高く上げる、大きく回す動きは、日常生活ではあまりしないもの。でも、肩の関節を大きく動かさなければ、その周辺の筋肉は使われません。その結果血行不良を起こし、こりが生じます。

ところが、五輪に出場するようなトップレベルの水泳選手でも、大事な試合前になると「肩がこった」といいます。彼らは普段から、たくさん肩回りを動かし鍛えているので「筋肉不足」や「血行不良」はあてはまりませんよね。

実は、彼らにかかっているものは、3つ目の要因となる強い「ストレス」。「病は気から」という言葉があるように、心のトラブルは体のトラブルの引き金になります。

ストレスフルな現代社会に生きる私たちは、常に「肩こり要因」に囲まれています。ゆっくり入浴する、散歩に出かける、マッサージに行くなど気分転換をしたり、スマホやPCの画面から離れる時間を作り、膨大な情報をシャットダウンしたりするだけでも、ストレスは軽くなりますよ。

積極的に肩の周辺の筋肉を鍛えたり、肩の関節を十分に動かしたりしながら、日常のストレスを軽減する。慢性的な肩こりを解消するためには、これがとても大切なのです。

やって
みよう

肩こり予防・改善トレーニング

筋力不足、血行不良が原因の肩こりを楽にする筋トレです。
短時間でできるものばかりなので、空いた時間にトライしてみましょう。

肩甲骨の三角運動①（20回×1セット）

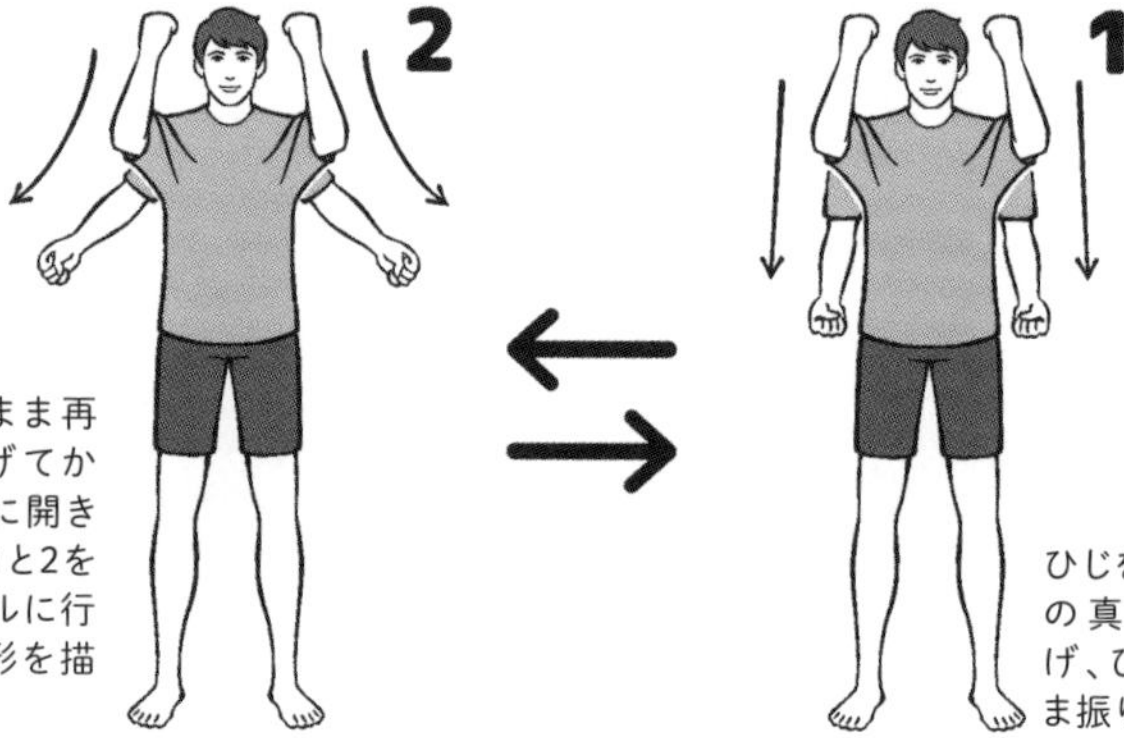

ひじを曲げながら顔の真横まで振り上げ、ひじを曲げたまま振り下ろす。

ひじを曲げたまま再び腕を振り上げてから、ひじを斜めに開きながら下ろす。1と2を交互にリズミカルに行う。ひじで三角形を描くイメージで。

肩甲骨の三角運動②（20回×1セット）

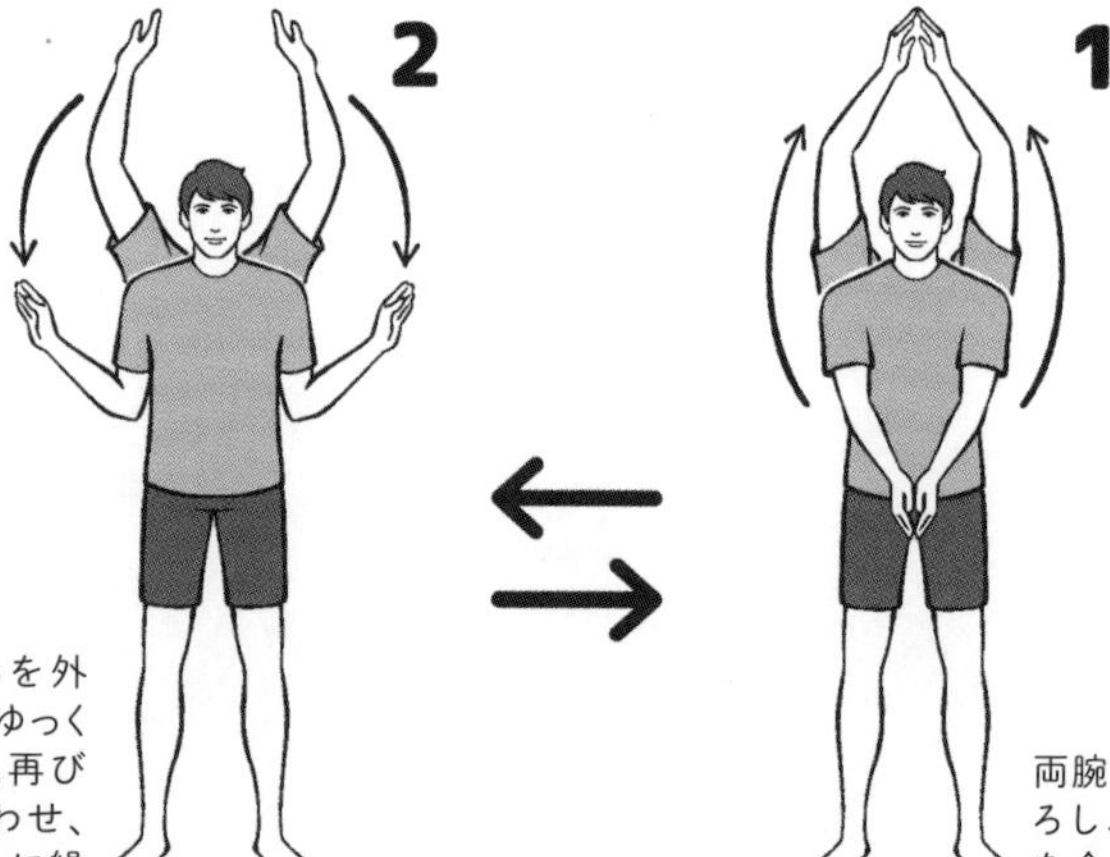

両腕を体の前に下ろし、両手のひらを合わせたら、頭上に振り上げる。

頭上で手のひらを外側に返し、ひじをゆっくり体側に下ろす。再び体の前で手を合わせ、1と2とリズミカルに繰り返す。

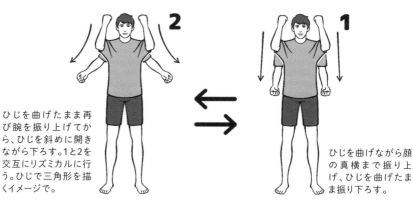

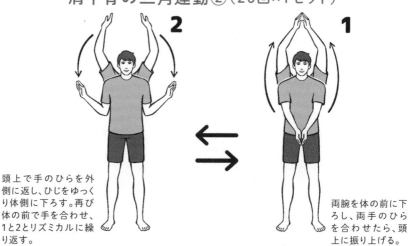

ペットボトルを使ったトレーニング（20回×2〜3セット）

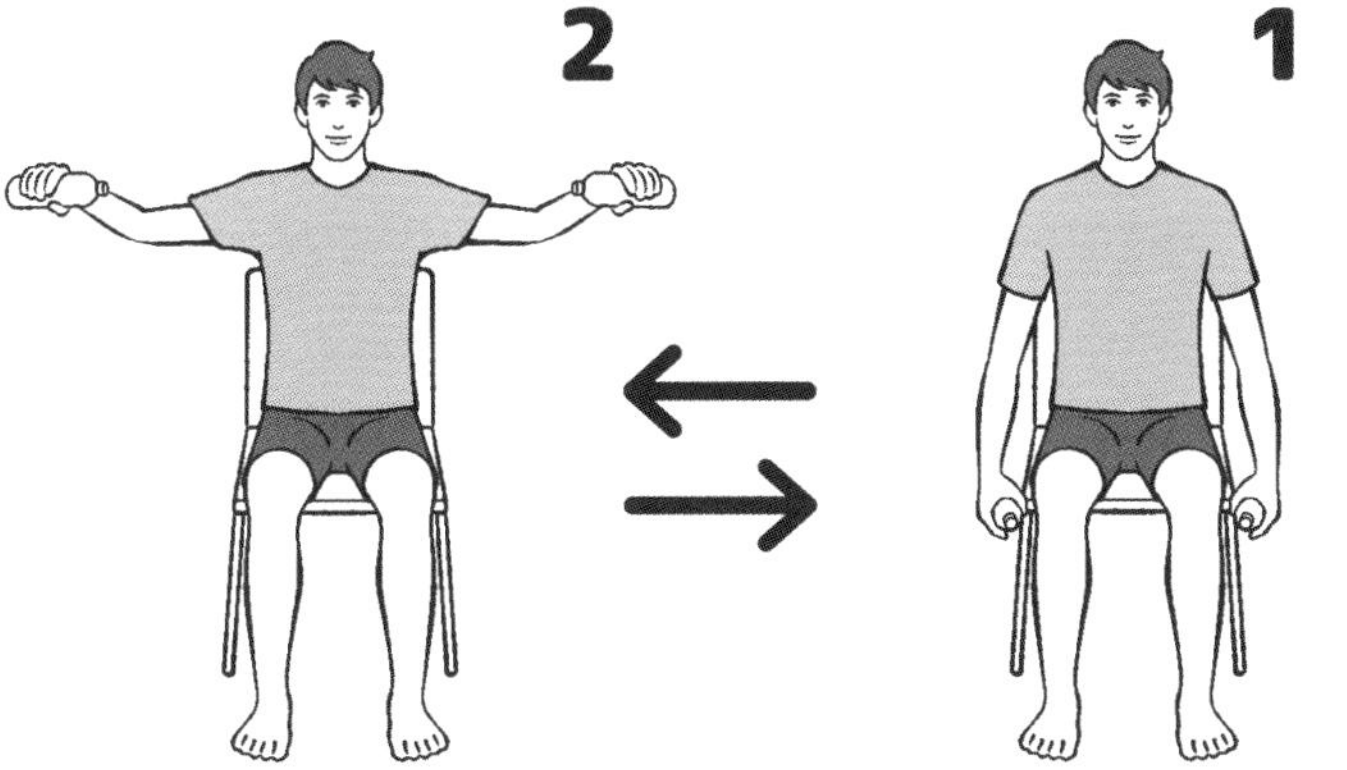

両手にペットボトルを持つ。

ゆっくり肩の高さまで持ち上げる。このとき、肩がすくまないよう注意。1と2をゆっくり繰り返す。

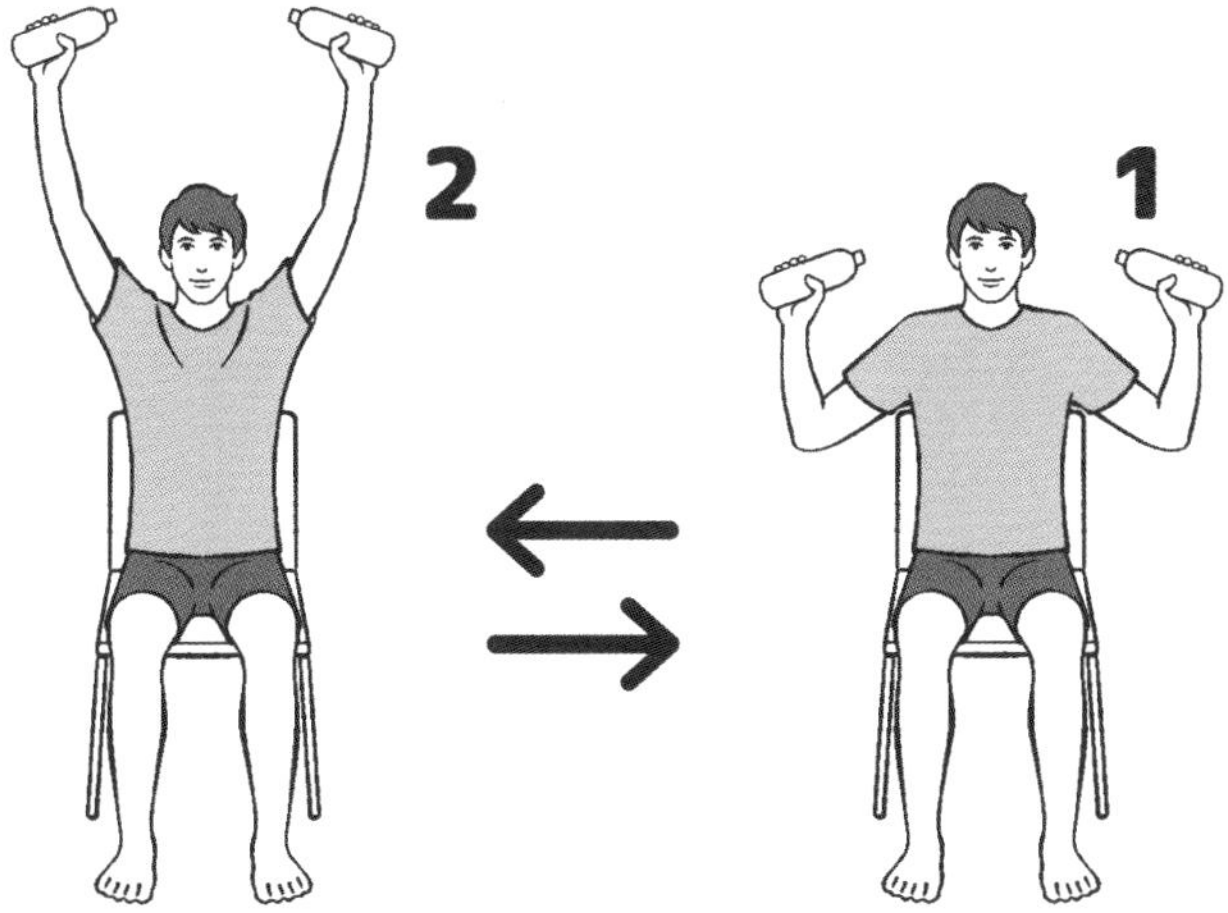

両手にペットボトルを持ち、ひじを曲げる。

ひじを伸ばしペットボトルを頭の上まで持ち上げる。このとき、肩がすくまないように注意。1と2をゆっくり繰り返す。

Q16 脂肪がたくさん燃えるのはどっち？

A

イヤでも楽しいフリをして走る

B

イヤでもガマンして走る

正解はこっち!

A

イヤでも楽しいフリをして走る

イヤイヤやるよりも楽しくやったほうが脂肪はたくさん燃えます。

私のクライアントの大半は、会社の健康診断で引っかかった、二の腕やお腹周りが気になるなどの理由で、仕方なく私のもとを訪れます。みなさんの気持ちは、「運動は苦しくてつまらないもの」ということが前提です。

そこで、私の仕事は、みなさんが「楽しい」と思える運動を見つけることから始まります。なぜなら**楽しいと思いながら運動をすることで、継続率がアップするだけでなく、体脂肪もより多く燃焼できるから**です。

人間は、楽しいと感じると、「βエンドルフィン※」という脳内ホルモンが分泌されます。βエンドルフィンはエネルギーをたくさん使ってくれるホルモンなので、分泌されると脂肪燃焼率がアップ。βエンドルフィンを抑制する拮抗剤を注入した人とそうでない人が30分間自転車こぎをしたときの実験結果を見てみると、抑制されたほうは脂肪酸消費量がおよそ半分になったという結果も出ています。

意外と見落とされがちですが、ダイエットするときに自分が楽しめる運動を選ぶことは、すごく重要です。

ダイエットを始めたら、ぜひ、様々な運動やスポーツを試してみることをおすすめします。ランニングに筋トレ、テニスや水泳、ゴルフ、トレッキングなど、興味があるものにどんどんチャレンジしてください。最初にトライした運動が続かなくても、「次、次！」と切り替えて、思いつくもの、かたっぱしから試してみましょう。きっといつか、「体を動かすって楽しい！」「気持ちいい！」と思える運動が見つかるはずです。

実は、運動をしながら笑顔を作るだけでも、βエンドルフィンは分泌します。これは、脳が顔の筋肉の動きから「笑顔になっているということは、楽しんでいるんだな⁉」と勝手に判断してくれるため。

大笑いでも、微笑む程度でも、ニヤニヤするのでも、βエンドルフィンは放出されます。また、笑顔になると自然と楽しい気持ちになってくる、という効果も得られます。

「苦しいな～」と思ったときこそ口角を思いっきり上げて、脂肪燃焼率を上げていきましょう！

※βエンドルフィンとは……脳内で機能する神経伝達物質のひとつ。脳内にβエンドルフィンが放出されると、高揚感や満足感を高めてくれるため、「脳内モルヒネ」とも呼ばれる。

Q17 やせやすい食事のタイミングは?

A

きちんと決めた時間に食べる

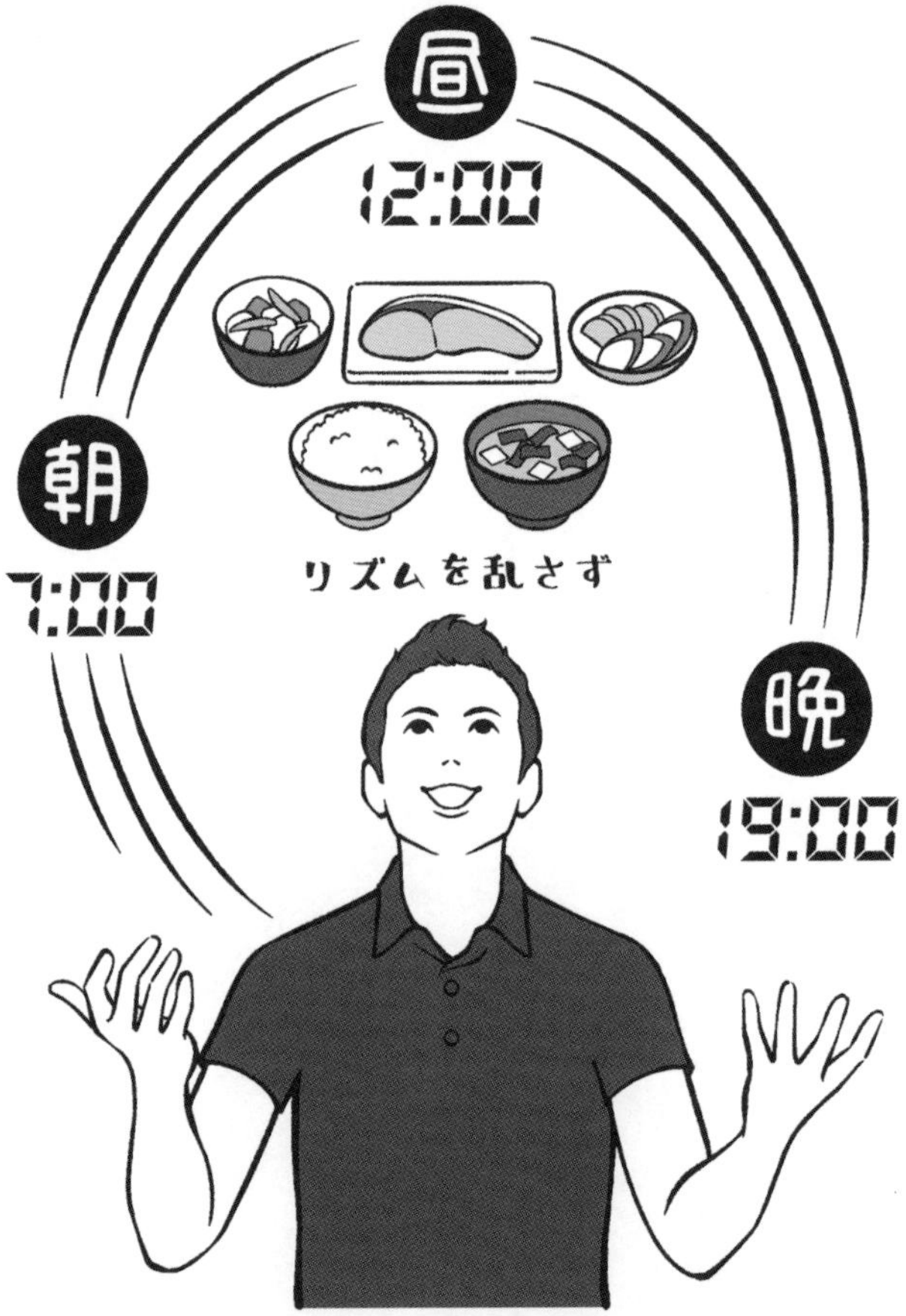

昼
12:00
朝
7:00
リズムを乱さず
晩
19:00

B

本当にお腹が空いたら食べる

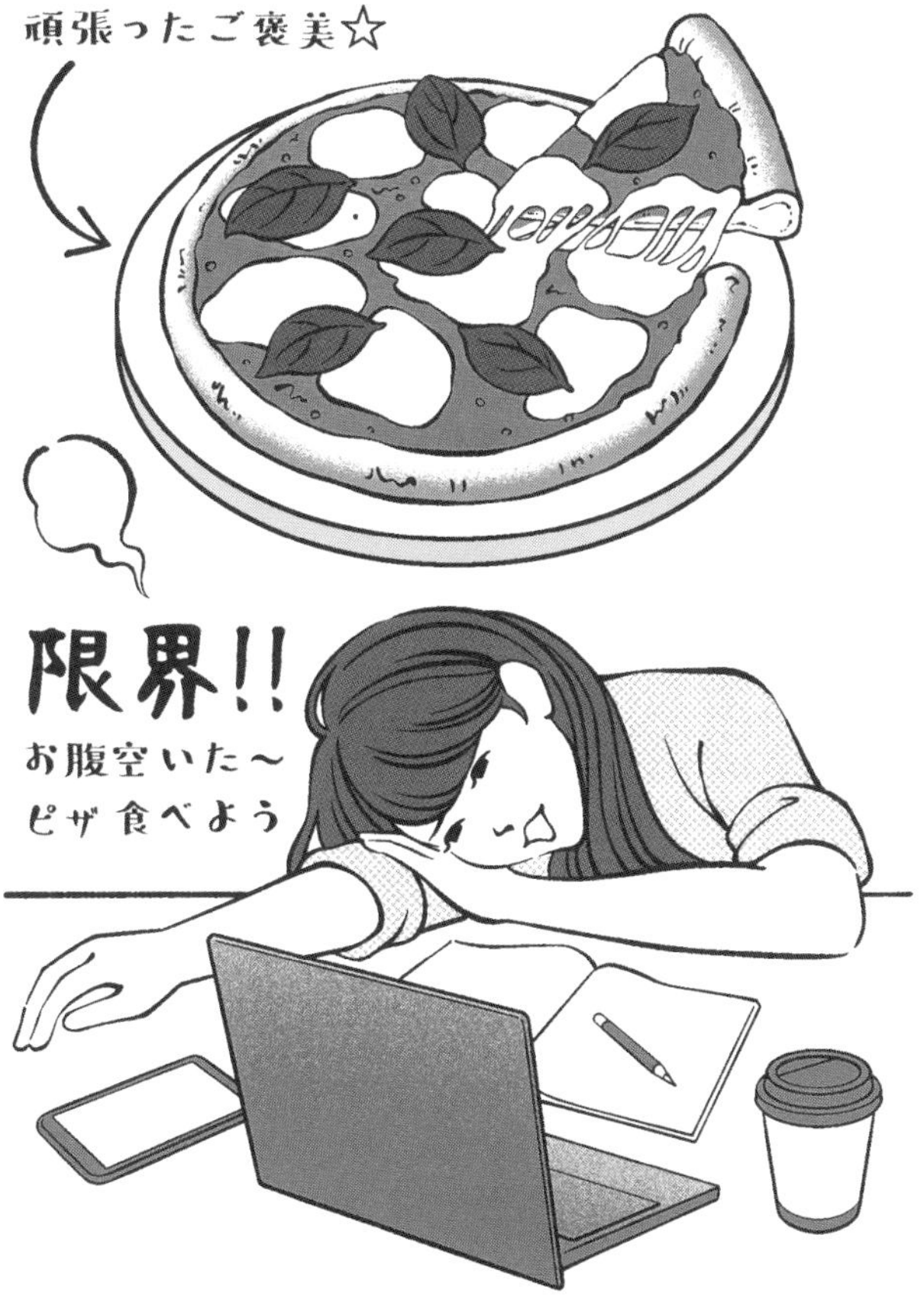
頑張ったご褒美☆
限界!!
お腹空いた～
ピザ食べよう

正解はこっち!

B

本当にお腹が空いたら食べる

時計で食べるのではなく、脳で食べましょう。

例えば、夜、どんなに遅くご飯を食べても朝食はしっかり食べる人、12時のランチタイムになると必ず「お腹が空いたー!」と食堂にダッシュする人。このように、生活サイクルに食欲をはめ込み、本当はエネルギーが不足していないかもしれないのに、「いつもの時間」「いつもの量」の食事を、何の疑問もなく食べてしまう。これは、〝習慣系〟という食行動の人の特徴です。

一見規則正しい食生活をしているようにみえますが、習慣系の人は、脳の誤作動による「ニセの食欲」によって、食べ過ぎ状態になりやすいのです。

人は毎日、活動量も食事の内容も変わるので、日々、同じ時間に同じ量を食べる必要はありません。あたりまえですが、**食事は時間ではなく「お腹が空いたら食べる」もの。「習慣」ではなく「補給」するために食べるのが本来の姿**です。

とはいえ、会社や学校のルールや家族の都合もあるので、多くの方は、毎食、自分の腹具合だけで食事の時間を決められないですよね。そんなときでも、必ず食べる前に「自分は今、どのくらいお腹が空いているのかな？」と自分に問いかけるクセをつけることが大事です。

ランチタイムに「いつものパスタとプチデザートのセット」や「親子丼とそばのセット」を食べる必要があるのかを、まず、考えてからオーダーをする。要は何も考えずに、オーダーしたり、食べたりすることをやめてみましょう。

このワンクッションを入れるだけでも、適量に近づけることができ、カロリーオーバーを防ぎます。

毎回、食べ物に手を伸ばす前に体と相談する習慣を身に付けて、体が欲している量だけ食べる。これを繰り返すと、次第に「ニセの食欲」に振り回されない、太らない〝補給系〟の食べ方ができるようになります。

Q18 ダイエットを成功させる食事はどっち?

A

とりあえず炭水化物を抜く

B

さしみ ¥700
天ぷら ¥700
焼き魚 ¥650
煮魚 ¥650
とんかつ
からあげ
しょうが焼き ¥600
レバニラ ¥600
ハンバーグ ¥650
野菜炒め ¥650
安定の定食♡

茶碗1杯分のご飯を毎食食べる

正解はこっち!

B

茶碗1杯分のご飯を毎食食べる

炭水化物は、〝ダイエットの敵〟ではありません。

多くの人が実践する「炭水化物抜きダイエット」。炭水化物は「体脂肪になるから」と敬遠されがちですが、糖質はもっとも効率のよいエネルギー源。なぜこれほどまでに嫌われてしまったのか？　と不思議でなりません。

たしかに糖質を抜くと、一時的に体重は軽くなります。しかしそれは、糖質1gに対し水分が3gくっついてくる、という性質があるからです。つまり体内の水分量が一時的に減っただけで、体脂肪が減ったわけではありません。

人は生きているだけでエネルギーを必要とします。また、脂肪を燃焼するためにもエネルギーが必要。筋肉量を増やすためにも、タンパク質と糖質の両方が必要です。

むしろ、**炭水化物をしっかり摂らないと、体はどんどんやせにくくなります**。なぜなら炭水化物が足りなくなると、体内で「糖新生」という現象が起きるからです。

糖新生は、糖質が足りないとタンパク質を分解することでエネルギーを生み出す、という体のシステム。糖新生が起こると、せっかく筋トレをしても、筋肉量が増えるどころか、筋肉が分解されて減ってしまいます。筋肉量が減れば、当然、基礎代謝が落ち、消費カロリー量は減っていきます。つまり、炭水化物を抜いた結果、やせにくい体になってしまうのです。

とくに白米は「悪者」のように言われますが、本当にそうでしょうか？　日本はずっと白米が主食なのに世界トップクラスの長寿国です。白米にも微量ですが、ミネラルやビタミンB群、タンパク質も含まれますし、パンやパスタ料理に比べれば圧倒的に低脂質。むしろ太りにくいエネルギー源の筆頭です。毎食茶碗１杯（１５０〜２００ｇ）ぐらいは、全然、食べてＯＫです。

ちなみに、白米とオートミールの栄養価を比べ、「オートミールのほうが断然いい」と語る人もいますが、みなさん、３食オートミールを食べる生活、できますか？　定食屋で「白米をオートミールに変えてください」と言えるでしょうか？　オートミールのほうがビタミンやミネラルの含有量が多いのは確かですが、本当に実行できるかどうかも冷静に判断を。

非現実的な情報に振り回されるのは、もうやめにしましょう！

Q19 ダイエット中の食事で重視するべきことは?

A カロリーをどれだけ抑えられたか

B
何を何回食べたのか
僕はラーメンを週に1食だけと決めているよ
僕はステーキは月1回、お酒は1日1杯だけと決めているよ

正解はこっち!

B

何を何回食べたのか

食事はカロリーではなく中身が大事です。

「低カロリーだから」と、こんにゃくばかり、キャベツばかり食べ続けてしまう……。失敗ダイエットによくあるパターンです。

特定の食べ物ばかりを摂り続けることは、ストレスやリバウンドの原因になります。何よりも体を作る材料が足りなくなり、筋肉が削げ落ちてガリガリの体になったり、肌色が悪くなったりなど、ただただ、不健康にやせてしまいます。

でも、みなさんが目指しているのは、「健康的でイイ感じにやせる」ことではないでしょうか?

食事はカロリーではなく中身が大事です。その理由を、簡単に説明しましょう。

まず、筋肉を作るにはタンパク質が必要です。体調が悪いと積極的に体を動かす気にならないので、体調を整えるビタミンとミネラルも当然、必要。また、体脂肪を燃焼させるにはエネルギー源が必要なので、糖質も欠かせません。さらに、高カロリーだからと敬遠される脂質も体には必須。なぜならホルモンの生成やビタミンを体に吸収するためには脂質が欠かせないからです。

あらゆる栄養素には役割があり、偏らず食べることではじめて働きます。

「カロリーが高いから揚げ物はダメ」「こんにゃく麺以外の麺類はNG！」と**食べてはいけないものを並べるよりも、「バランスのよい食事」を摂るほうが、間違いなく「イイ感じ」にやせます。**

とはいえ、この「バランスのいい食事」の基準がわかりにくい。結局、そこがカロリー基準に走ってしまう要因でもあると思います。

そこで、「バランスのいい食事」を誰でも簡単に実践できる方法を教えましょう。ズバリ、「1日で14品目をコンプリートする」という食事法です。

この食事法では、「1日に何を何回食べられたか」を考えます。ルールは2つ。

①14に分けた品目にあてはまる食材を、1日1回食べる。

②ただし、穀類は1日3食必ず食べる。

これだけで、自動的にバランスのよい食事の完成です。

例えば朝食にトースト、ハムエッグ、ドレッシングをかけたトマトサラダ、フルーツ入りのヨーグルトを食べたとします。すると朝食だけで「穀類」「肉類」「卵」「緑黄色野菜」「油類」「果物類」「乳製品」の7品目を摂ったことになります（品目の分類はP111に掲載）。

この食事法を使えば、「夕食にステーキ（肉類）を食べたいから、朝はハム（肉類）をやめておこう」というふうに、1日の食事を上手に組み立てられるようになります。

大切なのは、考えなしに食べたいものだけを食べるという習慣をなくすこと。

「低カロリーでヘルシーだから」と野菜ばかり食べる、「楽だから」と朝食に買い置きした甘い菓子パンを食べ、間食もチョコやクッキーを食べる……といった食事を続けていると、どうしても栄養は偏ります。

1食、1食、「摂り過ぎの品目はないか？」「不足しがちな品目はどれか？」を考えるクセをつけると、自分にはどんな食品が足りなくなりやすいかがわかります。

摂り過ぎの品目を不足している品目に入れ替え、バランスを整える。これを意識していくと、必ず、食生活が改善されていきます。

最初は、毎日厳密に14品目を達成できなくてもOK。できるときに頑張ろう！　ぐらいの気持ちでトライしてみてください。

14品目一覧

覚えておきたい

この食事法では、「何を何回食べられたか」を考えます。これだけで、自動的にバランスのよい食事の完成です。

14品目食事法のルール

❶ 14に分けた品目にあてはまる食材を、1日1回食べる。
❷ ただし、穀類は1日3食必ず食べる。

穀類	**きのこ類**
白米、玄米、餅、パン、麺（うどん、そば、パスタ、そうめん、中華麺）など	しいたけ、しめじ、えのき、まいたけ、マッシュルームなど
魚介類	**海藻類**
魚、たこ、いか、えび、貝類など	わかめ、ひじき、もずく、めかぶ、のりなど
肉類	**淡色野菜**
鶏肉、豚肉、牛肉、ベーコン、ハム、ソーセージなど	キャベツ、きゅうり、レタス、白菜、ネギ、玉ねぎ、ナス、かぶ、大根など
卵	**緑黄色野菜**
生卵、卵焼き、ゆで卵、玉子豆腐、茶碗蒸しなど	ブロッコリー、にんじん、ほうれん草、小松菜、トマト、アスパラガス、かぼちゃ、ニラなど
乳・乳製品	**果物類**
牛乳、ヨーグルト、チーズなど	りんご、バナナ、キウイフルーツ、オレンジ、グレープフルーツ、ぶどうなど
いも類	**油類**
じゃがいも、さつまいも、里芋、山芋、こんにゃくなど	ドレッシング、バター、マヨネーズ、オリーブオイル、アマニオイル、揚げ物など
豆・豆製品	**し好品**
豆腐、納豆、厚揚げ、豆乳、大豆、インゲン豆、えんどう豆、枝豆、きな粉、など	チョコレート、クッキー、ケーキ、和菓子、アルコール類など

※しょう油、みそなど、油類以外の調味料はカウントしない。

やって
みよう

14品目チェックのメニュー例

野菜を積極的に摂ることは悪いことではありませんが、栄養が偏らないように注意しましょう。もし1日で不足する品目があるときは、重複している品目を変更して、バランスよく食べることを心がけてください。

朝食

食パン、紅茶、ゆで卵、ミニトマト、ヨーグルト

- ☑ 穀類
- ☑ 乳・乳製品
- ☑ 卵
- ☑ 緑黄色野菜

昼食

ナスとベーコンのトマトパスタ、ミネストローネ、サラダ（レタス、きゅうり）+ドレッシング（オニオン、しょう油、オリーブオイル）、デザート（コンビニのプリン）

- ☑ 穀類
- ☑ 肉類
- ☑ 油類
- ☑ 淡色野菜
- ☑ 緑黄色野菜
- ☑ し好品

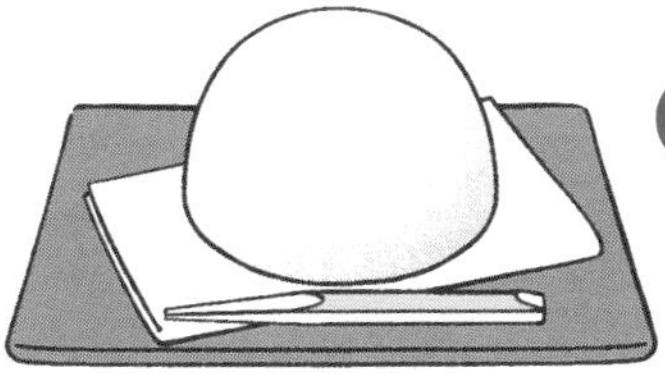

間食

大福

☑ し好品　←CHECK! し好品2回目

夕食

きのこと鶏団子の鍋
(白菜、ネギ、鶏肉、豆腐)、
もずく

☑ 肉類　←CHECK!肉類2回目
☑ 淡色野菜
☑ きのこ類
☑ 豆、豆製品
☑ 海藻類

ADVICE

不足した品目……魚介類・果物・いも類
摂り過ぎた品目……肉類(昼食1品、夕食1品)
し好品(昼間1品、間食1品)

- ●パスタを魚介類のパスタに変更
- ●間食の大福を果物に
- ●昼食のサラダをポテトサラダにする
- ●夕食にも穀類を入れる

面倒くさがりな人には「具たくさん味噌スープ」がおすすめ

ここまで読んで、「1日14品目はなかなかクリアできない」「献立を考えるのが面倒」だけど「確実にやせたい……」と思った方。そんな方には、「ご飯＋おかず1品＋具たくさん味噌汁」で完成する「一汁一菜」をおすすめします。

一汁一菜のもとの献立のイメージは、ご飯、味噌汁、主菜、副菜がそろう和定食です。和定食は低脂肪で栄養バランスのよい、理想的なダイエット食。しかし、おかずを何品も作るとなると、手間がかかってしまいますよね。そこで、副菜として食べていた野菜・きのこ・海藻類はすべて味噌汁に入れてしまい、汁物と副菜を合体。これに肉でも魚でも、食べたいたんぱく質の主菜を用意すれば完成、という定食スタイルにしました。

汁物を作る時間がないときは、フリーズドライのものでOK。そこに冷蔵庫にある野菜を加えれば、具たくさんの汁物のできあがり。私も朝晩2食、一汁一菜を実践しています。

ポイントは米（炭水化物）をしっかり食べること。一汁一菜にすると、1食の摂取エネルギーがガクンと減ってしまいます。これまで、炭水化物を抜いたり、減らしたりしていた人は「太らない⁉」と心配になるかもしれませんが、恐れずに茶碗1杯は食べましょう！

やって
みよう

「具たくさん味噌スープ」で一汁一菜

14品目を気にしながら献立を考えるのが難しい人でも大丈夫!
作り方は、冷蔵庫にある野菜と、味噌汁を合体させるだけ。あっという間にダイエットメニューの完成です。

主菜

メインのおかずは、筋肉や血液など体の材料になるタンパク源を。1食で手のひらの大きさ、厚みと同じ大きさの肉や魚を食べられると理想的。

ご飯

ご飯の量は毎食150〜200g。可能であれば、玄米や3分づき、5分づきなどにする、雑穀米を加えるなどで、不足しがちな食物繊維やミネラルも補給しよう。

汁物

具材は14品目から、その日食べていない食材を使うと、1日の栄養バランスが整う。多くの人は食物繊維やミネラルが不足しがちなので、きのこ類や海藻は必ず入れるとよい。

CHECK

一汁一菜の弱点はビタミン・ミネラルが少なくなりがちな点。間食、あるいは食後のデザートを果物にすると不足分を補えます。

Q20 ビジネスパーソンがしてはいけないダイエット法は?

A 3時のおやつを抜く

小魚
ミックスナッツ
ヨーグルト
Fe
ヨーグルト
素材と量を考えれば食べても大丈夫だよね?
そうそう
ハイカカオチョコレート

B

夕飯を抜く

正解はこっち!

B

夕飯を抜く

「寝る前に食べたら太る」、その判断が太る原因になります。

「帰宅が遅くなり、夕食の時間が遅くなってしまった」

忙しいビジネスパーソンのみなさんには、あるあるのシチュエーションですよね。そんなとき、ダイエット中の方の多くは「寝る前に食べると太るから、夕食は抜いてしまおう!」と、つい、そんな選択をしてしまいます。お腹が空いていても、あとは寝るだけだから夜は食べない。でも、その判断が逆に太る原因になります。

人は空腹で寝ると、体が飢餓状態になります。すると、生命の危機を察知した脳が「何か食べて!」という信号を発信。寝ているつもりでも脳は覚醒し、睡眠が浅くなります。結果、睡眠不足でストレスを抱え、翌日の仕事にも悪影響を及ぼします。

実は、睡眠不足によるストレスは、ホルモン分泌や自律神経にも影響を及ぼし、食欲を高めるホルモンの分泌を促します。

どうでしょう？　寝ていない、生活のサイクルが不規則など、睡眠時間が安定しないと、食欲が旺盛になり、つい食べることに走ってしまう。そんな経験、ありませんか？

そもそも、夕飯を抜くと、「何か食べたい」という気持ちをガマンしなければなりません。それもまた、ストレスになりますよね。

また、睡眠時間が短くなると、心身とも十分に休まらないので疲労が抜けません。疲労すると運動をしたくなくなり、動かないから筋肉量が減ります。すると、さらに疲れやすくなる。このループが続く限り、ダイエットは成功しません。

寝る前にご飯を丼《どんぶり》で食べるような食事では太ってしまいますが、茶椀1杯のご飯に具たくさんの味噌汁、メインのおかずに副菜という定食スタイルなら、太ることはありません。

「そう言われても、やっぱり夜遅くの夕食は心配……」と思うのであれば、「分食」という手もあります。例えば、夜7時～8時頃に、会社で仕事をしながらおにぎりを食べて、主菜と汁物は帰宅後に食べる、という具合です。

疲れをとるのも、食欲をコントロールするのも、質のいい睡眠なくしては不可能です。**しっかり寝るために、しっかり食べる。そうやって、体によいサイクルを作ることも、ダイエット成功の秘訣**です。

Q21 体重を量る頻度、正しいのはどっち？

A

毎日体重を量る

B

週に1回体重を量る

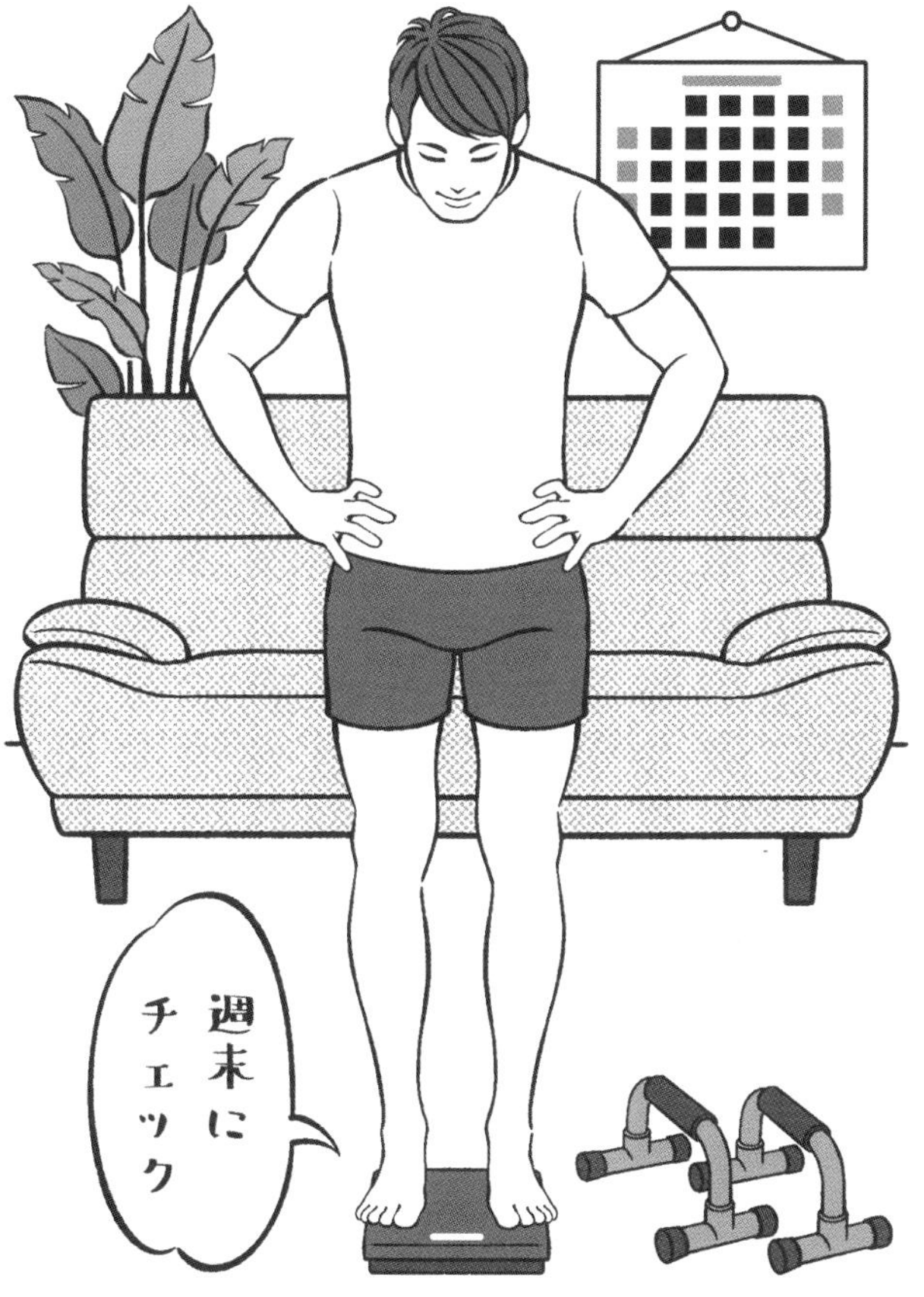

正解はこっち!

B

週に1回体重を量る

体重に一喜一憂している自分とさよならしましょう。それが成功への近道です。

この機会にしっかり心に刻んでほしい、ダイエットの常識があります。それは、**食べ物は消化されたあとすぐに体脂肪に変わるわけではない**、ということです。

例えばブッフェなどで食事やデザートをたらふく食べると、次の日、バーンと体重が増えます。でもこれは、単純に「食べたものの重さ」が増えているだけで、体脂肪が増えたからではありません。洋服をきたら体重計のメモリが増えるのと一緒です。

食べたものはすぐにエネルギー源として使われるので、適正量を食べていればその日のうちに消費されます。これが消費しきれないと体脂肪に変わり、余剰エネルギーとして体に蓄積されます。その変化に要する時間は約2週間。その前の時点ではまだ、食べたものは体脂肪にはなっていません。目方は増えていますが、太ってはいないのです。

「昨日、ビールをガマンしたから体重が減った！」「食後にケーキを2つ食べてしまったから体重が増えた……」などとつぶやく人がいますが、これは勘違い。

油断してドカ食いしたり、ショックを受けて落ち込んだりする前に、食事をコントロールしたり、体を動かしたりして、体脂肪に変わる前に余分な摂取カロリーを使い切ってしまいましょう。


毎日体重を測る人は、常に変動する数百グラムに敏感になりがちです。体重や体脂肪率は、たしかにわかりやすい目標ですが、よい数値はモチベーションを上げる一方、ネガティブな数値は「食事の量を節制しているのに体重が減らない」「順調に体重が減っていたのに急に増えた」など、やる気の低下につながってしまいます。

体重を量る行為そのものには、体に意識を向ける効果がありますが、ぜひ、**数字を追うのではなく体の変化を見る、という考え方にシフトしましょう**。そして体重は、毎日記録するのではなく、週1回「確認する」ぐらいの気持ちで量るのが適当です。

体脂肪や筋肉が増減し、体が変わるまでには2、3か月を要します。週1日の体重、体脂肪の推移を記録して、2か月、3か月単位で見ると、体の本当の変化が見えてきますよ。

さて、体重の「増」に触れたので「減」の考え方についてもお話ししましょう。

体脂肪は一晩で増えない代わりに、一晩で減ることもありません。厳しい食事制限をしても体重が落ちるのは一時の「現象」。通常の食事に戻したら、あっという間に元どおりです。

人の体にはもともと、恒常性（ホメオスタシス）という機能が備わっています。これは、体温や血圧、血中のホルモン濃度など、脳が適正と判断した数値を維持しようとするシステムです。

そして体重にも、脳が適正と判断する値があります。だから、極端な食事制限で一時期体重が減っても、脳は体が消費するエネルギーを減らしたり食欲をコントロールしたりして、なんとか元の体重に戻そうと働きます。

ですから、食事を戻したとたん、元の体重にリバウンドするのです。

私たちトレーナーが、極端な食事制限で短期間によって体重を落とす方法をすすめない理由はここにあります。

意志が強い、弱いにかかわらず脳が勝手に「食べたい」「戻そう」とコントロールしてしまう。これに抗《あらが》うには、少しずつ体重を減らし、新たな適正体重を脳に刻むしかありません。

ちなみに、「1か月にマイナス3キロ」を目標値にする方が非常に多いのですが、これは完全にリバウンドコース。なぜなら、1か月で皮下脂肪だけを3キロ以上も落とすのは理論上不可能だからです。もし3キロ減ったとしたら、実は筋肉も一緒にゴッソリ落ちています。

リバウンドしにくい減量ペースは、体重でいうと1か月にマイナス1~1・5キロ程度※です。「たったそれだけ⁉」という落胆の声が聞こえそうですが、今ある体脂肪は長い年月をかけて蓄積したもの。結局はじっくり、コツコツと燃やしていくのが、一番の近道です。

※もとの体重が100キロに近いなど非常に重い方は異なります。

Q22　運動するならどっち？

A

食前。お腹がペコペコ状態でエネルギーを使い切る！

B

食後。食べた分のカロリーを使ってなかったことにする！

正解はこっち!

A B

AもBも両方アリ!

運動は「自分に合うタイミング」で続けることが大切です。

今ついている脂肪を落とすなら食前(空腹時)、食べたものをすぐに消費したいならば食後。つまり、両方にメリットがあります。

空腹時に運動すると脂肪の燃焼率が高まる、という話をみなさんも耳にしたことがあると思います。筋肉を動かすためには糖が必要です。しかし、空腹時は体を動かすために使われる〝第一のエネルギー〟である糖が体内に不足しています。そのため、空腹時に有酸素運動をすると、血液中の糖質だけでは体を動かすために必要なエネルギー生産が追いつかなくなり、結果、脂肪を分解してエネルギーを生みだす、と考えられています。

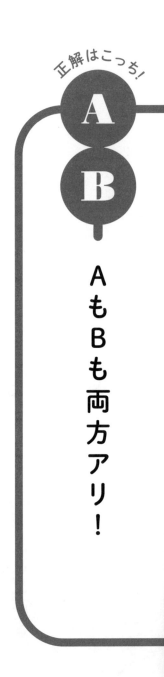

ただし、お腹がペコペコの状態で長時間の有酸素運動をすると、エネルギー不足から糖新生（P105）を起こし、筋肉量が減る恐れがあります。また、単純にやる気の喪失や長時間動けないなどの理由で運動時間が短くなり、最終的には効率が悪い場合もあります。

まさに私がそうで、空腹でランニングに出るとずーっと食べ物のことばかり考えてしまうタイプ。イライラも募り、結局、短時間で終わらせてしまいます。

空腹だと運動時間が短くなるタイプの人は、いくら脂肪燃焼率がいいとわかっていても、しっかり食べてから有酸素運動、のプランが体に合っています。

一方、食後は食べたものが分解され、血液中には〝第一のエネルギー〟、糖が充実しています。このタイミングで体を動かせば「糖を優先的に筋肉に送り、使ってしまいなさい」と糖の代謝を調節するホルモン（インスリン）が指令を出します。すると、体は糖をバンバン使い、脂肪に分配される糖が減るので、脂肪がつきにくくなるのです。

逆に「食べ過ぎた〜！」といってゴロンと横になれば、筋肉が糖を必要としない分、糖はどんどん脂肪細胞に運ばれます。

昔から「食べたあと、横になると牛になる」といわれますが、本当に牛になります（笑）。

ちょっとした食べ過ぎを「なかったこと」にするには、食べたあとの行動が一番重要。血糖値の上昇は多少個人差がありますが、食後30分程度でもっとも上昇します。そのタイミングで筋トレや有酸素運動を行いましょう。

運動の内容は、何度かお伝えしているように、下半身を中心に使った種目を選ぶと糖を効率よく消費できます。運動に限らず風呂や部屋の掃除をする、歩いて買い出しや遊びに出かけるのもいいでしょう。

「食後は2時間開けないと運動してはダメ」とよく言われますが、それはアスリートがやるような限界まで追い込む運動の場合。一般の方は30分後であれば問題ありません。歩いたり、走ったりしてわき腹が痛くなる方は、速度を少し落とせば回復します。

とはいえ、なかには食事を摂ると動けない、という方もいると思います。

伝えたいのは、**食前でも、食後でも、間違いなくメリットはある**ということ。自分はどちらのほうが快適に、しっかり運動できるのかを考えて、運動のタイミングを選びましょう！

覚えておきたい

食後の運動を続けると、「慢性効果」が起こります

食後は、血糖値が上昇するタイミングで運動をするのが効果的です。毎日続けることで、常に血糖値を抑えた状態を作ることができます。

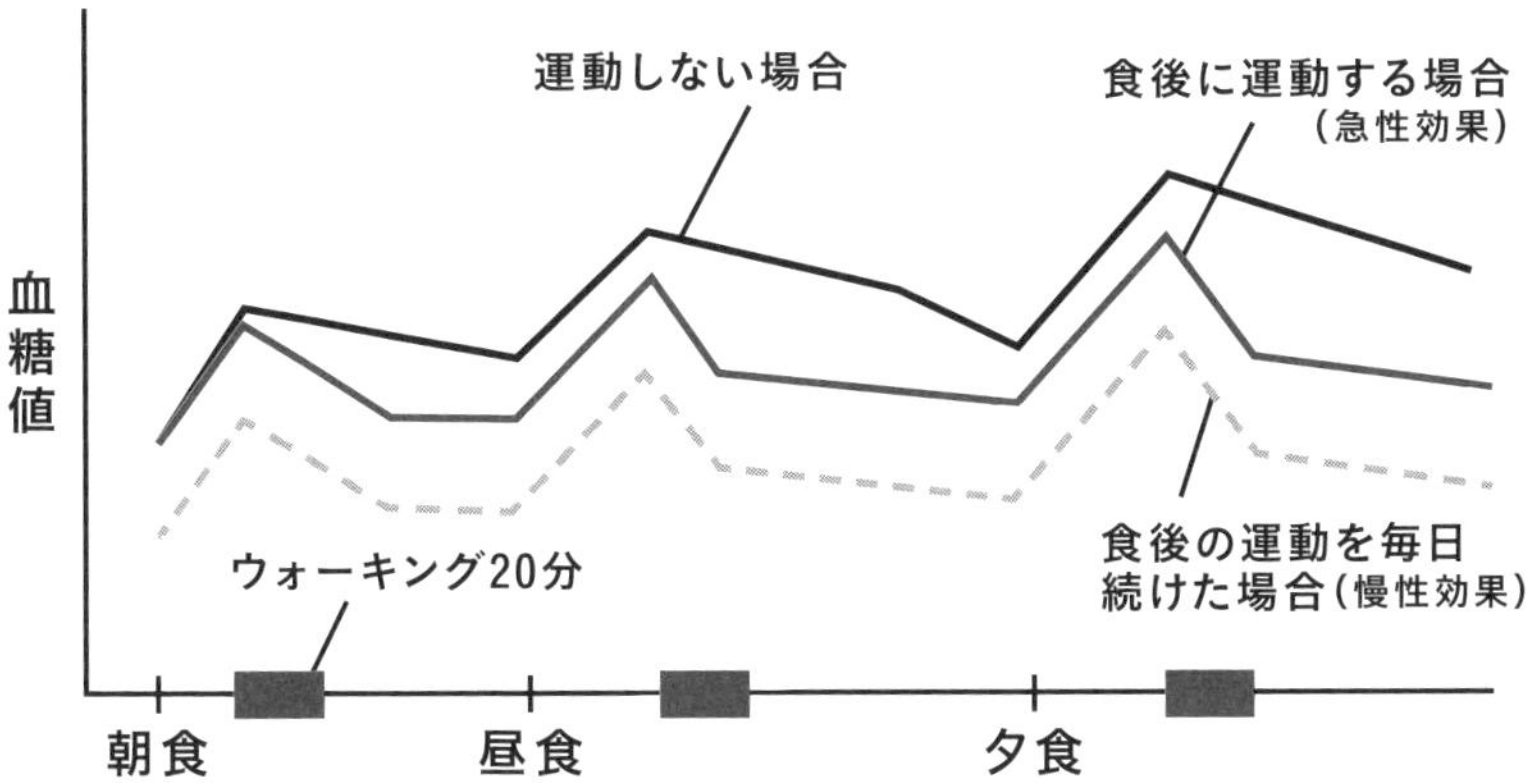

食後に20分間のウォーキングを行うと、上がった血糖値を下げることができる。毎食後に行うことでも1日の血糖値は下がるが、さらに毎日続けると、積み重ね効果として普段から血糖値の上昇を抑えられるようになる。

(『医師に「運動しなさい」と言われたら最初に読む本』引用　田畑クリニック・田畑尚吾氏の資料より)

COLUMN

スポーツジム、どうやって選ぶ？

運動経験が少ない方から、「ジムのマシンを使いこなせる自信がないので、家で自重トレーニングをしたほうがいいですよね」と聞かれることがあります。

実のところ、運動経験の少ない方にとっては、マシンよりも自重トレーニングのほうが難易度が上がります。なぜなら、体の重みだけでトレーニングの効果をしっかり得るには、筋肉に刺激を入れる方向、関節の曲げる角度などを正しく理解して行う必要があるからです。

一方、トレーニングマシンは、ターゲットの筋肉に誰でも自然に刺激が入るよう、設計されています。初心者でも正しく動作できる分、ケガのリスクも少なく、運動やトレーニング経験の少ない方ほどおすすめです。

さて、体作りでもっとも大事なのは〝継続〟すること。ジムを選ぶなら、通いやすい場所であることが重要な条件。仕事場や自宅から遠いと、通い続けるのが大変です。あとはライフスタイルに合った形態、費用の点から選びます。簡単に形態別の特徴をあげたので、ジム選びの参考にしてください。

24時間営業ジム

時間を気にせず通いたい人、マシンのみでトレーニングを行いたい人向き。国内外に店舗の数が充実しているので、出張先、旅行先でも利用したい人にも◎。

フィットネスクラブ

マシン、プール、テニスコートといった施設やヨガ、ダンスなどのグループレッスンが充実。また、スタッフや同じクラスの参加者との間でコミュニティを形成しやすいのも特徴。いろいろな運動を試したい人、誰かと一緒に取り組みたい人向き。

自治体のスポーツ施設

利用料金が安価で、多くの施設は単発で使用できる。最新のマシンにこだわらない、限られた利用時間内に通える人向き。

上級編

実践する

Q23 お腹を凹ませるならどっち?

B

脚上げ腹筋

正解はこっち!

A

スクワット

「お腹を凹ます＝腹筋運動」ではありません。

「部分やせを狙うなら、やせたいところを集中的に鍛えるのが近道」と信じていませんか？お腹を凹ませたくてひたすら腹筋運動をしたり、「くびれが欲しい！」と一生懸命に腰を回したり……。でも、このようなお腹周りの筋肉を使う筋トレには、お腹の脂肪をとる効果はあまり期待できません。

理由は2つ。ひとつ目の理由は、人間の体には動かしている部分の脂肪を、優先的に燃やすしくみがないため。人間の体は運動をすると全身の脂肪を少しずつ分解し、血液中に流します。これが動かしている筋肉に運ばれ、エネルギーに変わることで、筋肉を動かす燃料になるのです。

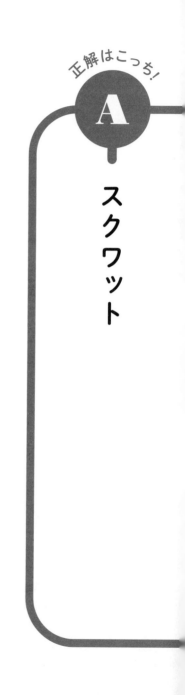

最近の研究では、部分的に落とすことも可能であるという報告がありますが、あくまでも微量です。

2つ目の理由は、お腹周りの筋肉は全身でみると小さな筋肉だから。

脂肪を溶かして作ったエネルギーは、筋肉という「エンジン」を動かす「ガソリン」です。当然、エンジンが大きければ大きいほど消費するエネルギーも増えます。ところがお腹の筋肉は意外に小さく、薄いのです。ツラい思いで腹筋運動を続けても、期待するほど多くのエネルギーを消費できません。

とにかく大きな筋肉（エンジン）を動かして、どんどんエネルギー（ガソリン）を使ってしまう。やせたい、引き締めたいのがどの部位であろうと、これが体脂肪を落とす一番の近道です。

そこで、鍛えるべきは下半身。なぜなら、全身の筋肉の約7割は下半身に集中しているからです。

お腹の脂肪を落としたい人はもちろん、二の腕や背中のぜい肉を落としたい、全身やせたいという人も、下半身を使った運動をすればいい。筋トレなら、筋肉量を増やしながら消費エネルギー量もアップできるので、一石二鳥の効果です。

やって
みよう

お腹を凹ませる筋トレ

お腹の脂肪を落としたいなら、下半身を鍛えるのが一番の近道です。
難しいと感じたら、負荷の下がる動きに変えてチャレンジしましょう。

1

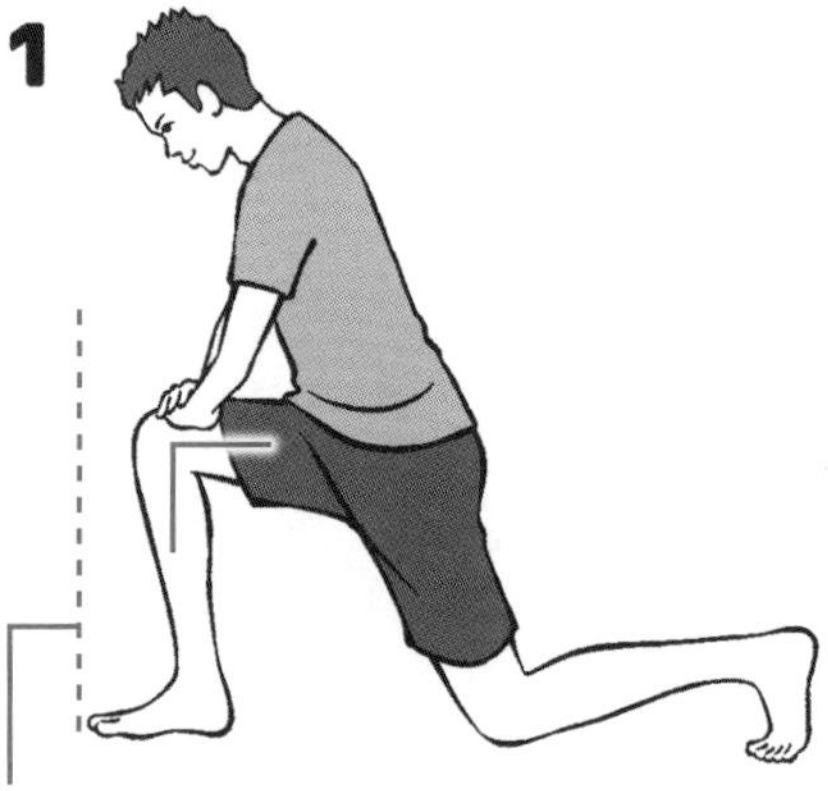
ひざがつま先より前にでないように注意

ワンレッグスクワット
（左右20回×2～3セット）

一方の脚を前に踏み出しひざを90度に曲げる

一方の脚を大きく一歩前に踏み出し、腰を落としてひざを90度ぐらいに曲げる。背筋は伸ばしたまま太ももに手をつく。

2

背筋を伸ばしたままひざを伸ばす
脚の前後幅を狭めると前脚にかかる負荷が下がる

前脚に体重をかけ、4秒かけてひざを伸ばす

前脚に体重の8割程度、後ろ脚に2割程度かけ、息を吐きながら4秒かけてひざを伸ばし、伸ばしきる手前で止める。息を吸いながら再び4秒かけて1に戻る。

プッシュアップ&バキューム(20回×2〜3セット)

1

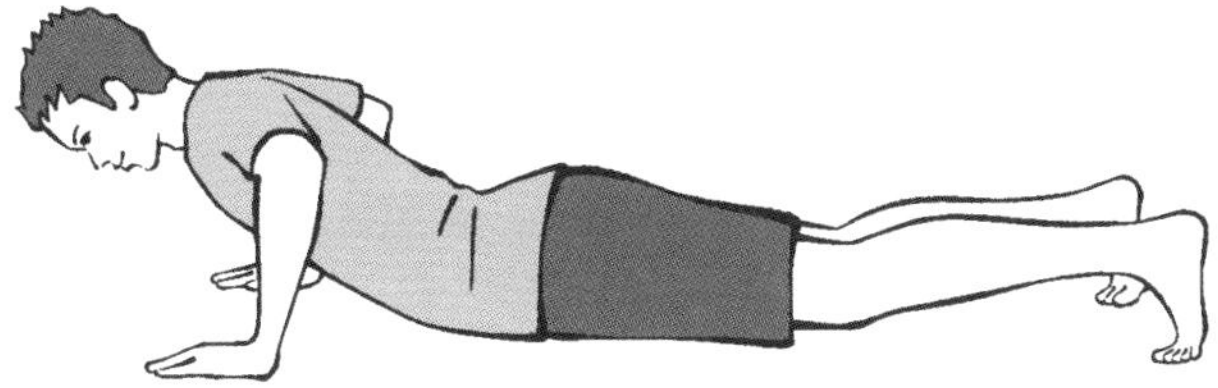

①腕立てふせの状態になり、両手・両脚で姿勢を支える

うつぶせになって肩幅よりもやや広い位置に手をつき、脚は後ろに伸ばして腰幅に開く。お腹が床に触れるまで、ひじを深く曲げる。

2

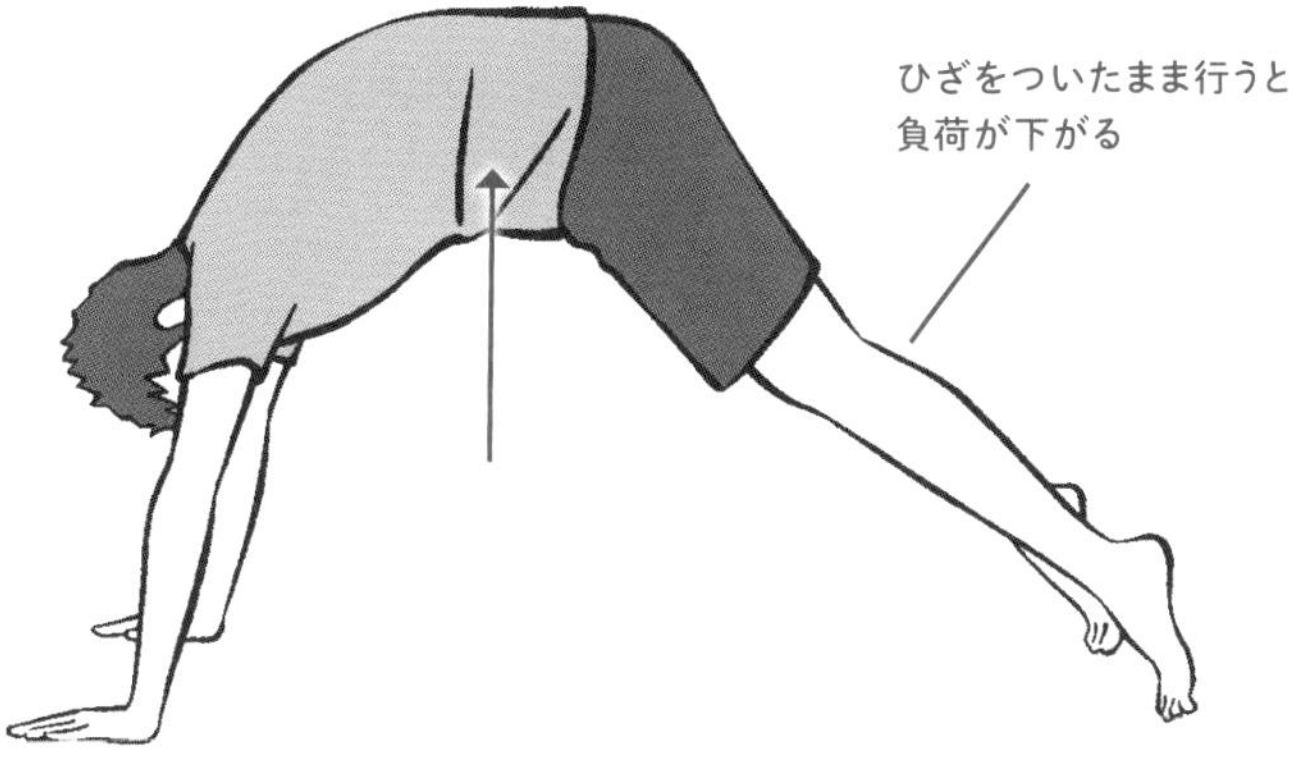

②腹部を押し上げるように上体を持ち上げる

息を吐きながら、4秒かけてつま先立ちになるまで腹部を高く上げる。お腹を押し上げるイメージで行い、視線はおへそに。息を吸いながら4秒かけて1に戻る。

やって
みよう

お腹を凹ませる有酸素運動

お腹の脂肪を効率よく落とすには、有酸素運動も欠かせません。

有酸素運動は、自分がストレスなく続けられるものでOK。いろいろ試しながら見つけてください。

ウォーキング

普段よりもやや速く、かつ歩幅を10cm以上広くするイメージで歩こう。息が弾むペースにするのがポイント。

ステップエクササイズ

実は軽いジョギングと同じくらいの消費エネルギーがある。走るのは苦手、外を走るのはイヤという人にもおすすめ。

ジョギング

ペースは早歩きよりやや速い程度でOK。最初は3分走って3分歩くくらいで、徐々に時間や距離を延ばそう。

Q24 脚を細くしたいならどっち？

A

脚の筋トレ

B

脚のマッサージ

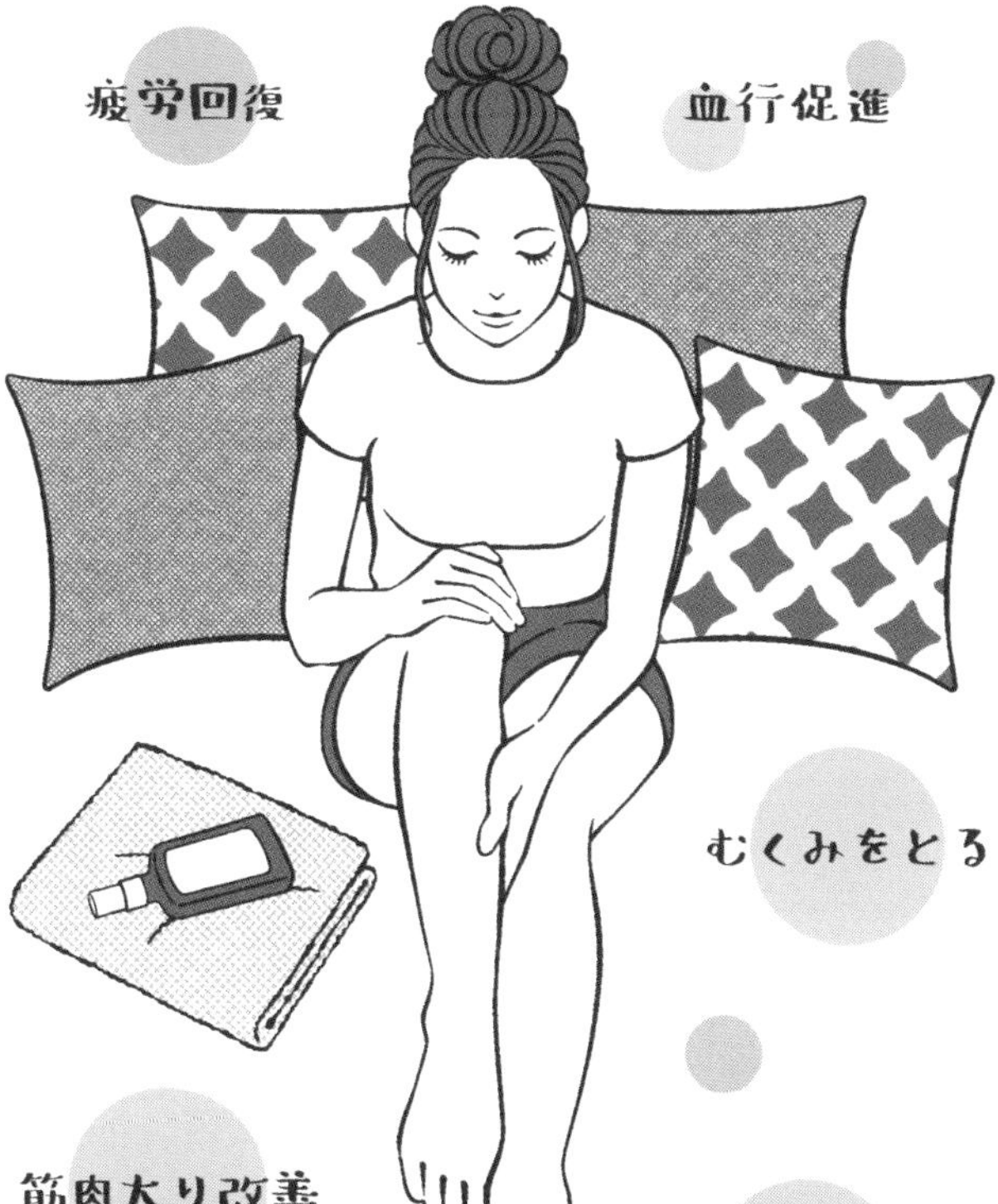
疲労回復
血行促進
むくみをとる
筋肉太り改善
脂肪をほぐす

正解はこっち!

A

脚の筋トレ

「筋トレすると脚が太くなる」はただの都市伝説です。

「脚がむくみやすいから、あまり歩きたくありません」

「筋トレをすると脚が太くなりませんか?」

この2つは脚やせしたい女性から、非常によ聞く言葉です。

でも、断言します。女性が一般的な筋トレをしたところで、100%脚は太くなりません。


まず、「筋トレをするとムキムキの筋肉になる」と勘違いしている方が多いのですが、筋肉がムキムキになるほど太くなるのは、男性ホルモンの影響によります。女性も男性ホルモンを分泌していますが、その量は男性と比べると圧倒的に少量。ですから、鍛えたからといってムキムキのマッチョになることはありえません。

こう言うと「でも、スピードスケートの女子選手をみると、たくましい脚をしていますよね？」と言われることがあります。でも、アスリートは肉体を限界まで追い込む、まさに血反吐《ちへど》を吐くような苦しいトレーニングを行っています。

あたりまえですが、彼女たちが日々、何時間も続けている練習、そしてトレーニングは、一般の方がボディメイクのために続ける筋トレとは、まったく次元の異なる厳しい内容です。同列には語れません。

運動後「太くなった」「パンパンに張ってしまった」と感じるのは、筋肉そのものが太くなったのではなく、パンプアップ※による一時的な現象なので安心してください。

一般の女性が「脚が太くなる」原因は「体脂肪がついた」か「むくんでいるか」の2つです。そしていずれにしても「下半身をよく動かす」「筋肉をつける」ことが、引き締まった脚づくりにはもっとも効果的です。

脚のむくみの原因は、体内に沈殿した体液（血液や老廃物）です。本来、体液は、ふくらはぎの筋肉がポンプのようにギュッギュと押し上げ、血管やリンパ管を通し心臓に戻します。この現象を「ミルキングアクション」と呼びます。

ところが、筋力不足の人はふくらはぎのポンプ作用が弱く、体液を押し上げることができ

※パンプアップとは……運動後、筋肉中に大量の水分（血液やリンパ液など）が送り込まれ、一時的に筋肉が太くなる現象。時間をおくと、筋肉は自然と元の太さに戻る。

ません。結果、老廃物がどんどん脚にたまっていき、「むくみ」となって表れるのです。

ポンプ作用は、脚の筋肉を自ら動かすことでも起こすことができます。さらに、これによって筋肉量を増やし、ポンプ作用をパワーアップすることが効果的です。

Q23（P137）でもお話ししたように、体脂肪を減らすために効果的なのは下半身の筋トレです。つまり、**脚が太い理由が体脂肪であれ、むくみであれ、脚を動かし、筋肉量を増やすことこそ、引き締まった脚を手に入れる方法**なのです。

具体的には、普段からよく歩く、常に階段を使う、エクササイズであれば、かかとの上げ下げなどが手軽でおすすめ。とくに、長時間デスクワークをされている方は、座りながらでもちょくちょく、かかとの上げ下げを行うだけで、むくみにくくなります。

もちろん、スクワットなどの下半身の筋トレも効果的です。148ページに、むくみ解消のための筋トレメニューを提案しています。参考にしてください。

最後にもうひとつ。「マッサージをするとセルライトがつぶれたり、脂肪が分解されたりして体外に排出される」「マッサージで皮下脂肪が柔らかくなり燃焼しやすくなる」という話を信じている方があとを絶たないのですが、これも長年続く間違ったダイエット法のひとつです。

皮下脂肪はどんなに一生懸命、揉んだり引っ張ったりしても、燃焼しません。何かを体に巻いて汗を絞り出しても同じです。

そもそも本当に脂肪が燃焼するなら、私たちトレーナーも必ず、皮下脂肪のマッサージ法を学ぶはずですし、トレーニングにも取り入れます。

もちろん、マッサージにはこり固まった筋肉をほぐすことで、一時的に血流を促したり、心身をリラックスさせたりという効果があります。「脚が疲れたな」と思ったときには、マッサージを取り入れるとよいでしょう。

運動とマッサージ、両方の効果の違いをちゃんと理解して、そのときの自分に合った方法をチョイスしましょう。

やって
みよう

むくみ解消筋トレ

脚のむくみを解消したいなら、マッサージよりも筋トレが効果的です。

座ったままできるエクササイズもあるので、仕事や家事の合間に取り入れるのもおすすめです。

レッグエクステンション（20回×2～3セット）

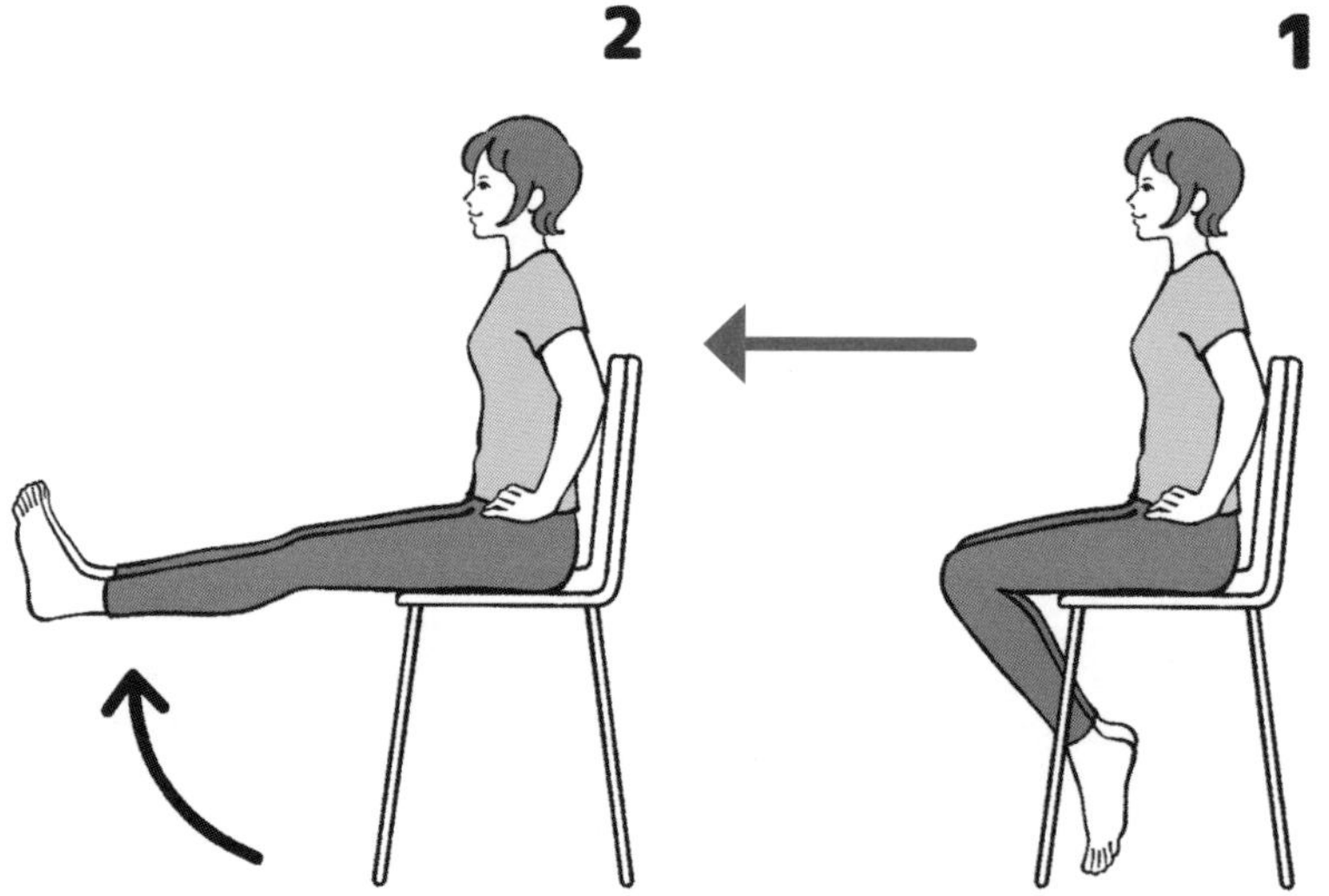

1 椅子に座り、ひざを曲げる。このとき足首は伸ばした状態に。

2 ひざを伸ばすと同時に、足首も90度に曲げる。1と2を繰り返す。

レッグカール（左右20回×2〜3セット）

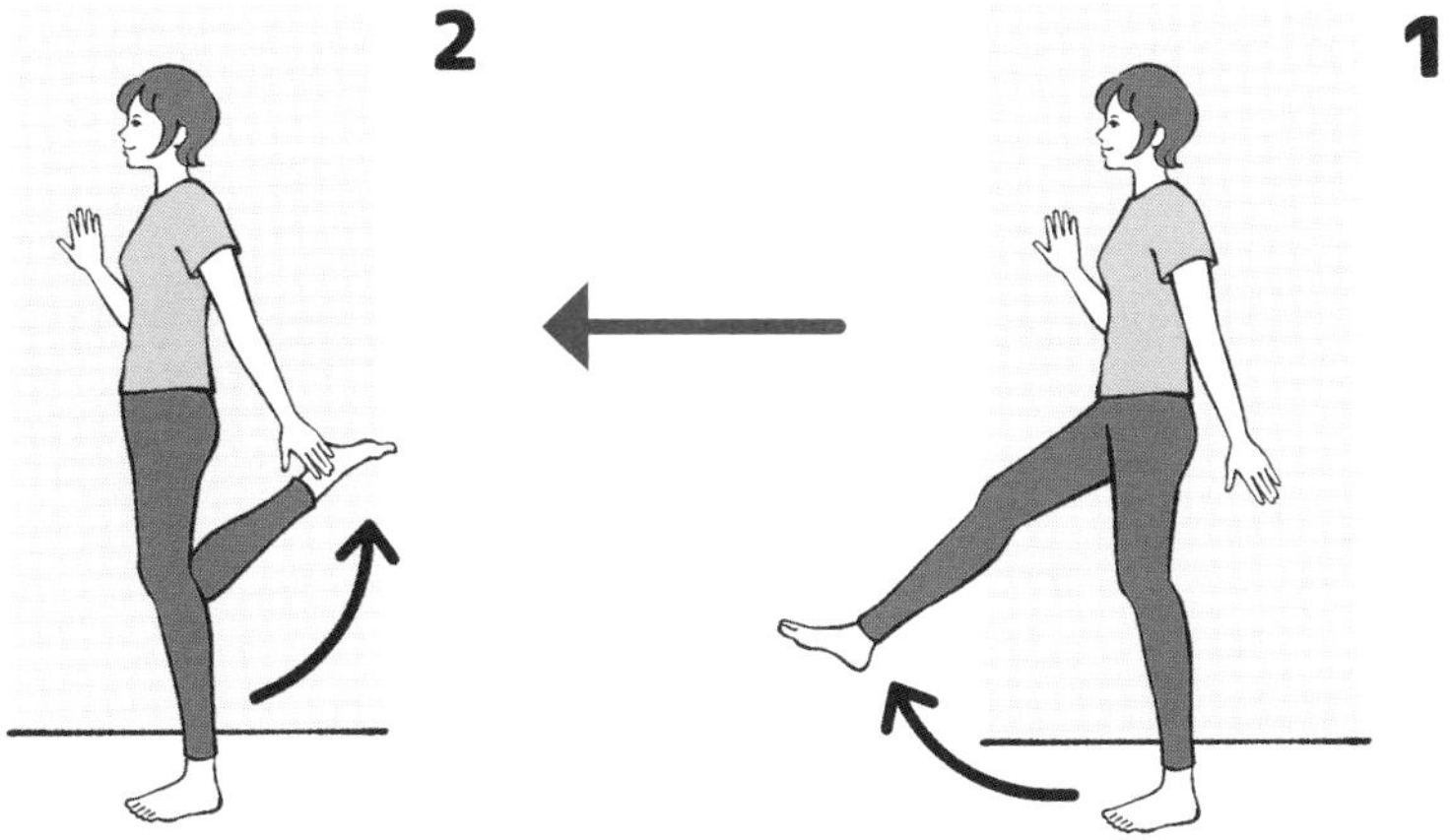

片手を壁について立ち、壁側の
脚を前に振り出す。

脚を戻す勢いを使って、ひ
ざを曲げて、手でかかとを
タッチ。1と2を繰り返す。

カーフレイズ（左右20回×2〜3セット）

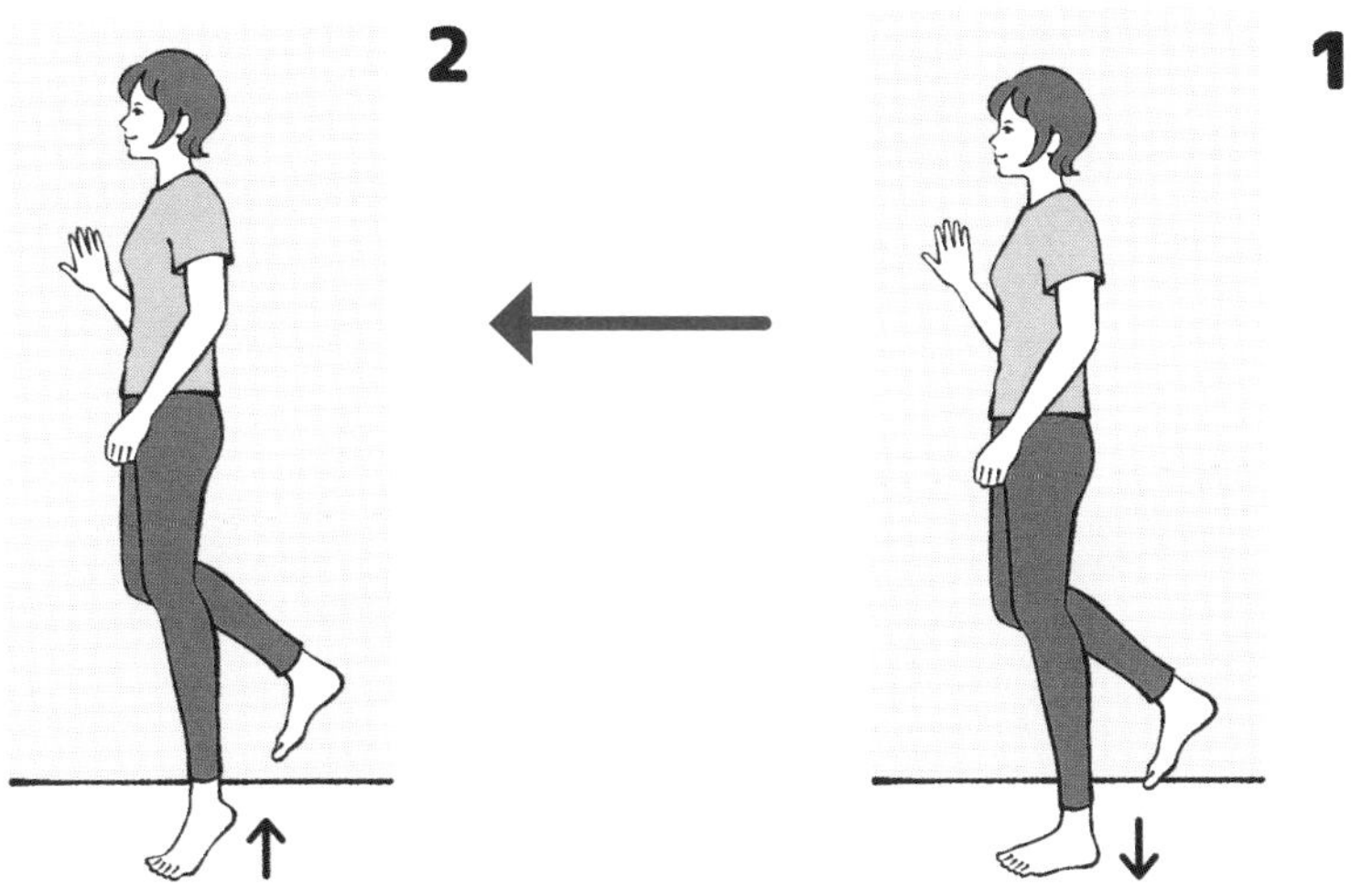

手を壁につけて、片足立ちになる。

かかとを高く上げて下ろす。
1と2を繰り返す。

Q25 有酸素運動の脂肪燃焼量が多いのは?

A

20分の運動を続けて1回

B

10分の運動を3回

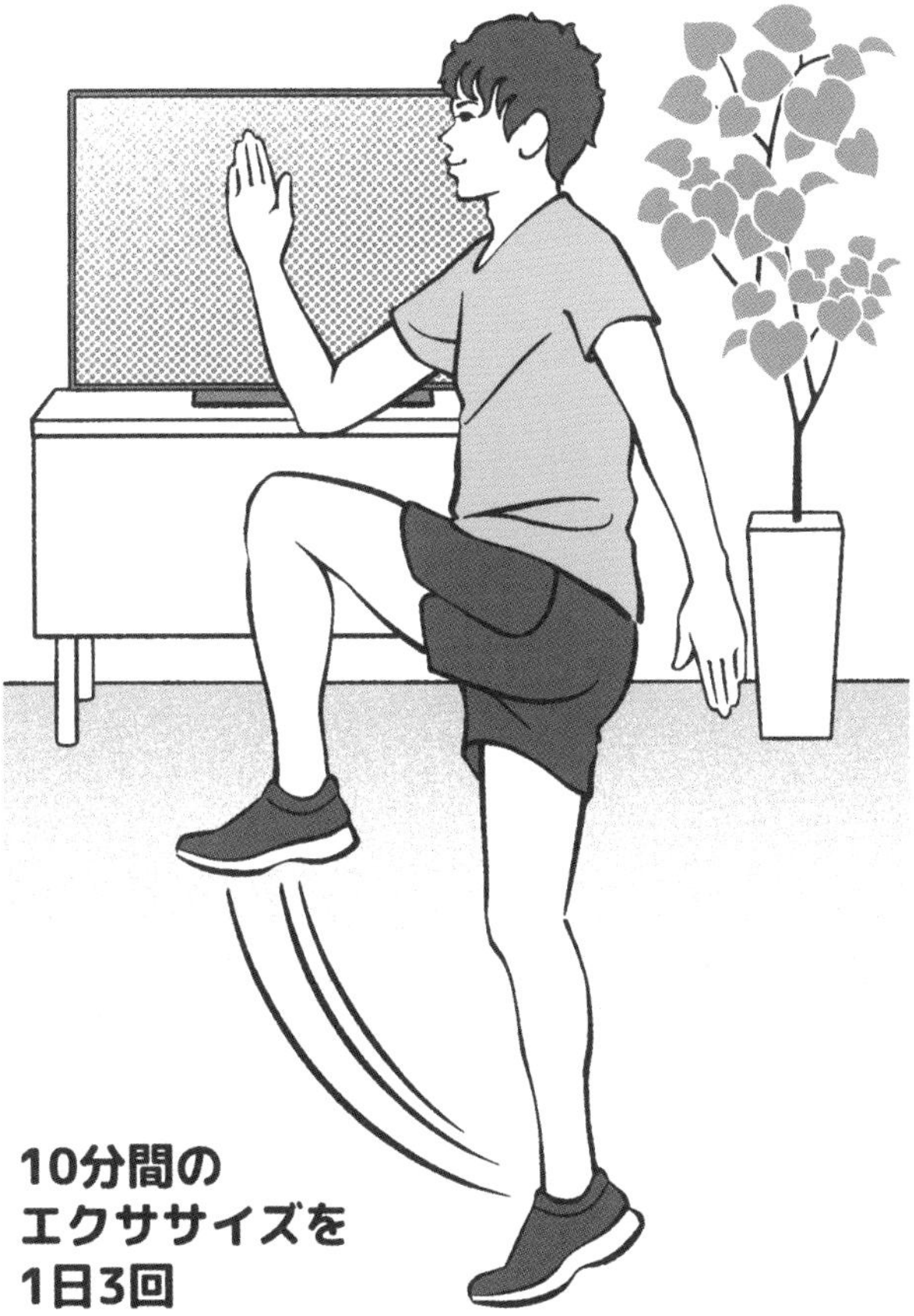

正解はこっち!

B

10分の運動を3回

「脂肪を燃やすには20分以上の有酸素運動」……それ、もう古いです。

以前は「体脂肪は20分以上、有酸素運動を続けないと燃えない」と言われていました。しかし今では、「体脂肪は運動のスタート時から燃焼している」というのが常識です。

これまで、運動を始めるとまず体内の「糖」が主なエネルギー源として使われ、20分後を境に「体脂肪」に代わる、と考えられていました。でも、実際には私たちは起き上がった瞬間から体を動かしています。つまり、起床時から「糖」がエネルギー源として使われているので、20分たたずとも体脂肪は燃える、と考えられるようになったのです。

また、近年の研究により、20分間の連続した運動と10分間の運動2回とで比較すると、体脂肪の燃焼効果にはほとんど差がないこともわかりました。

ですから**連続して運動しても、複数回に分けても、運動の内容や合計時間が同じであれば効果は同じ**、ということです。

30分間続けて歩いても、1回5〜10分、合計30分間を何回かに分けて歩いても、同等のカロリーを消費できるならば、わざわざまとまった時間を捻出する必要はありません。通勤・通学、日常の買い物時間などを活用できます（ただし、ただ歩くのではなく、脂肪を燃焼するペースを守りましょう！ ↓P76〜77をチェック）。

これは、長い時間、続けて運動するのが苦手な人や、忙しくて運動に長時間割く時間のない人にとっては、うれしい話ですよね。

1回10分の習慣も2か月続ければ、体形や体の調子の変化も明らかに感じられます。その頃にはきっと、10分歩く程度では物足りなくなり、「もっと歩きたい」「ジョギングにチャレンジしたい」と、むしろ積極的に動きたい気持ちになっていますよ。

Q26 脂肪燃焼効果が高い順番は？

A

有酸素運動↓筋トレ

B

筋トレ↓有酸素運動

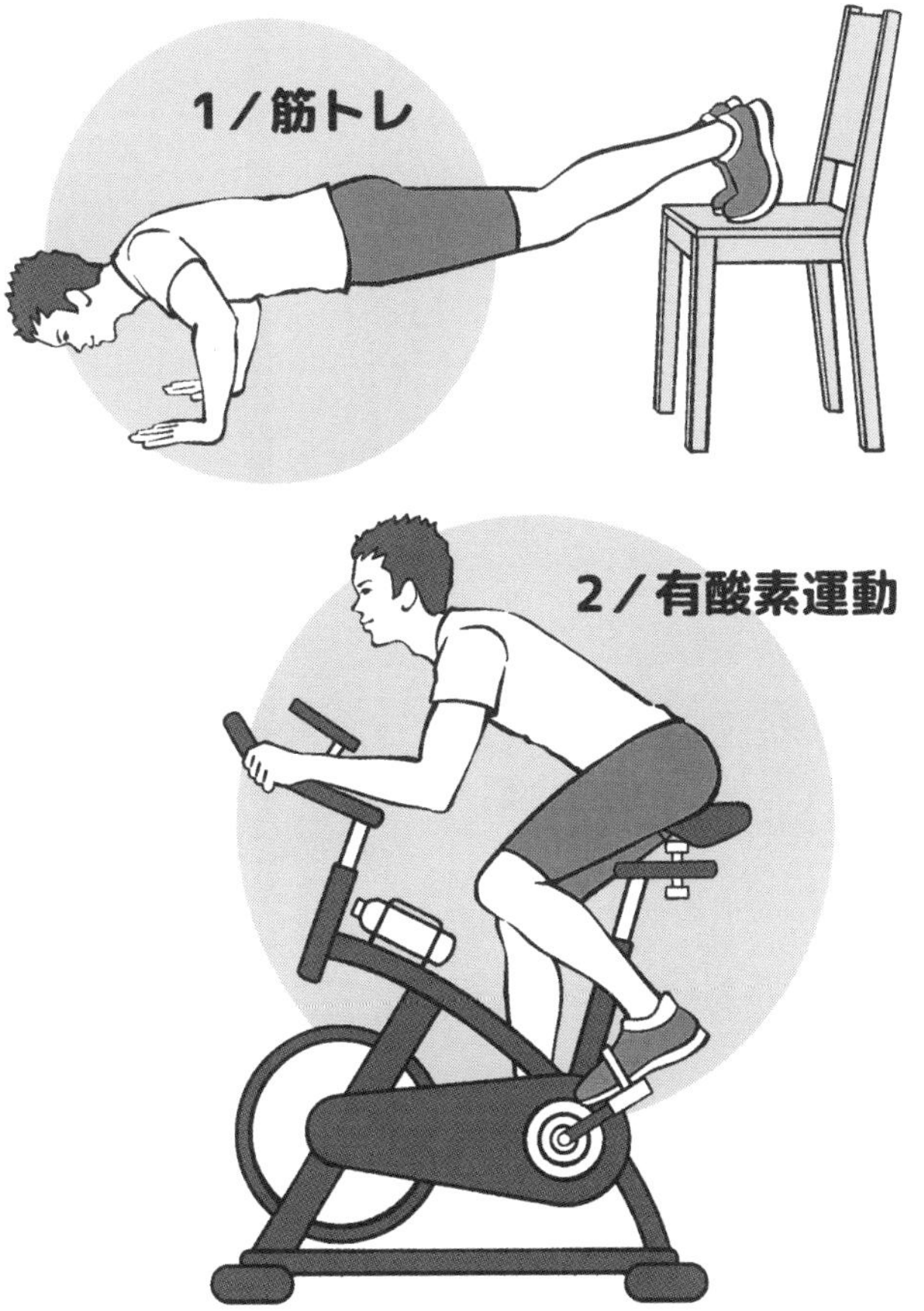

正解はこっち!

B

筋トレ↓有酸素運動

効率的にやせたいなら、「筋トレが先、有酸素運動が後」と覚えましょう。

運動の順番を変えるだけで、脂肪燃焼効果が変わることを、ご存じでしたか?しっかり運動をする日は、ぜひ、「筋トレが先、有酸素運動は後」の順番でトレーニングを行いましょう。これだけで、脂肪燃焼効果が高くなります。

その理由は、筋トレによって分泌が促される物質、「成長ホルモン」と「ノルアドレナリン」にあります。

成長ホルモンとは脳（脳下垂体《のうかすいたい》）から分泌されるホルモンで、その名のとおり、組織や細胞の成長にかかわる働きをします。加えて、分泌されることにより、脂肪分解の役割を担う酵素「リパーゼ」を活性化させることがわかっています。

ノルアドレナリンは、副腎髄質《ふくじんずいしつ》から分泌されるホルモンのひとつ。交感神経の情報伝達に関与する神経伝達物質でもあり、放出されると交感神経の活動が高まり、脂肪を分解する働きをします。

ですから、**まずは筋トレで成長ホルモンとノルアドレナリンをできるだけたくさん分泌させて「燃えやすい体」を準備する。そのうえで有酸素運動を行えば、脂肪燃焼効果が高まる**、というわけです。

ただし、燃焼効果をしっかり出すには、運動の順番だけでなく、筋トレの内容も重要です。成長ホルモンが出やすいのは、「大きな筋肉に対してしっかり負荷を与えられる」筋トレ。下半身であればお尻や太ももの筋肉を使うスクワットやランジ、上半身なら胸や肩、体幹も使う腕立てふせが代表的です。

私のおすすめは、10~15分間、大きな筋肉を使う筋トレを行ったあとに、早歩きやジョギングなどを30分~1時間を行うプラン。ジムに通っている方ならトレーニングマシーンや重りを使って下半身中心の筋トレを行ったあと、トレッドミルや水泳を組み合わせるとよいですよ。

効率的にやせたい。そんなときは、筋トレ→有酸素のセットで、脂肪をどんどん燃やしましょう！

やって
みよう

「燃えやすい体」になる筋トレ

脂肪燃焼効果を高めるなら、大きな筋肉を刺激する筋トレが効果的です。
難しいと感じたら、負荷の下がる動きに変えてチャレンジしましょう。

バンザイ体勢キープ
（10秒キープ+10秒休憩を左右3セット）

両脚を前後に大きく開き、前の脚のひざが直角になるまで腰を落とす。前の脚と後ろの脚で5:5の配分で体を支える。両手を頭の上にあげ、呼吸を繰り返す。

手をももの上に置き、上体を支えると負荷が下がる

ひざがつま先より前に出ないように注意。

ヒップリフト
（左右20回×2～3セット）

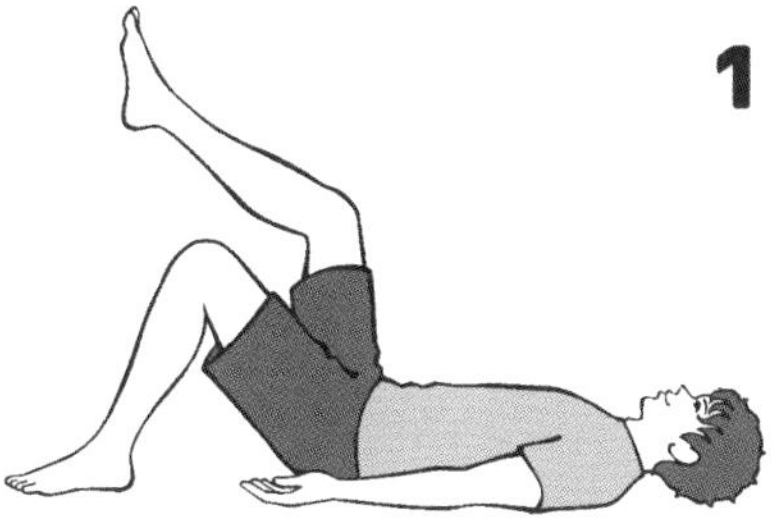
1

仰向けになり片脚を上げる

仰向けに寝て一方のひざを立て、もう一方の脚はひざを軽く曲げて上げる。腕は体側にそって左右に伸ばし、手のひらを上に向ける。

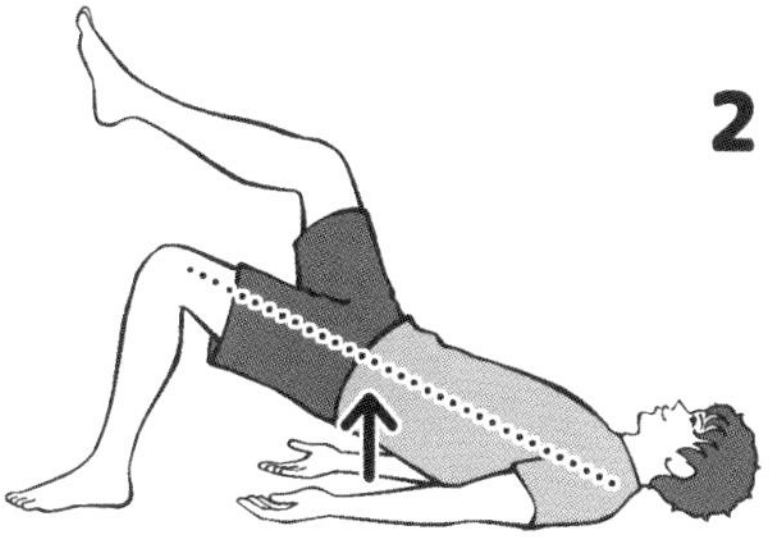
2

お尻を持ち上げて胸、お腹、太ももを一直線に

足の裏で床を押すようにして、4秒かけてお尻を持ち上げる。顔、お腹、太ももが一直線になったら4秒かけて1に戻る。呼吸は自然に行う。

ワンレッグスクワット（左右20回×2～3セット）

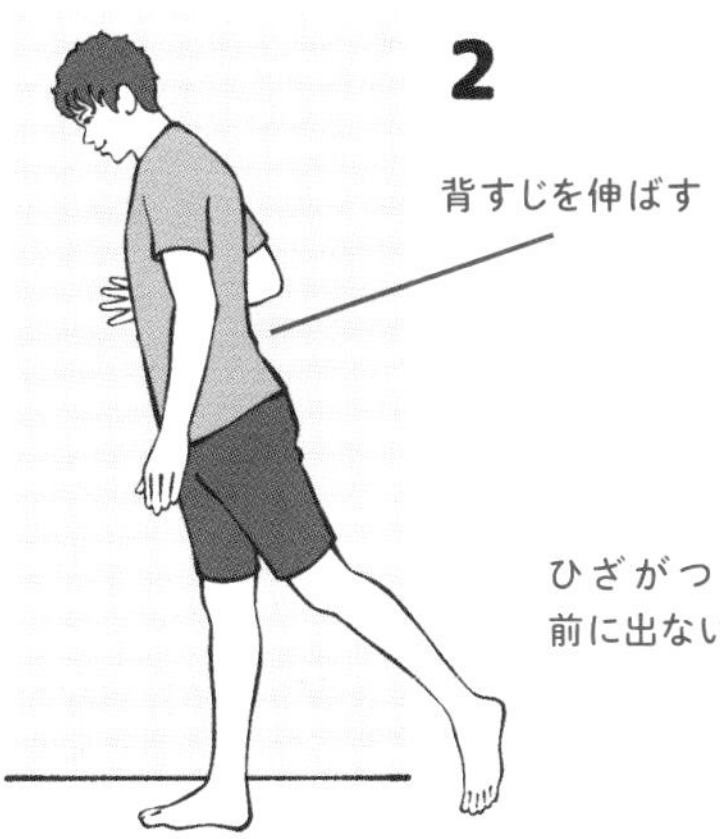
2
背すじを伸ばす

4秒かけて壁側のひざを伸ばす

息を吐きながら4秒かけてひざを伸ばしきる。息を吸いながら再び4秒かけて1に戻る。

1
後ろ脚を床につけて行うと負荷が下がる。
ひざがつま先より前に出ないように

一方の手を壁につき、片足立ちで腰を落とす

壁に手をついて立つ。壁側の脚で片足立ちになり、ひざを90度に曲げていく。壁から遠いほうの手は床に指をつく。

Q27 デスクワークしている人が運動するなら？

A

仕事が休みになる週末にまとめて頑張ればいい

土曜は上半身、日曜は下半身をまとめて鍛える
週2日に集中!!

B

仕事の日は運動の日。
月～金で少しずつやる

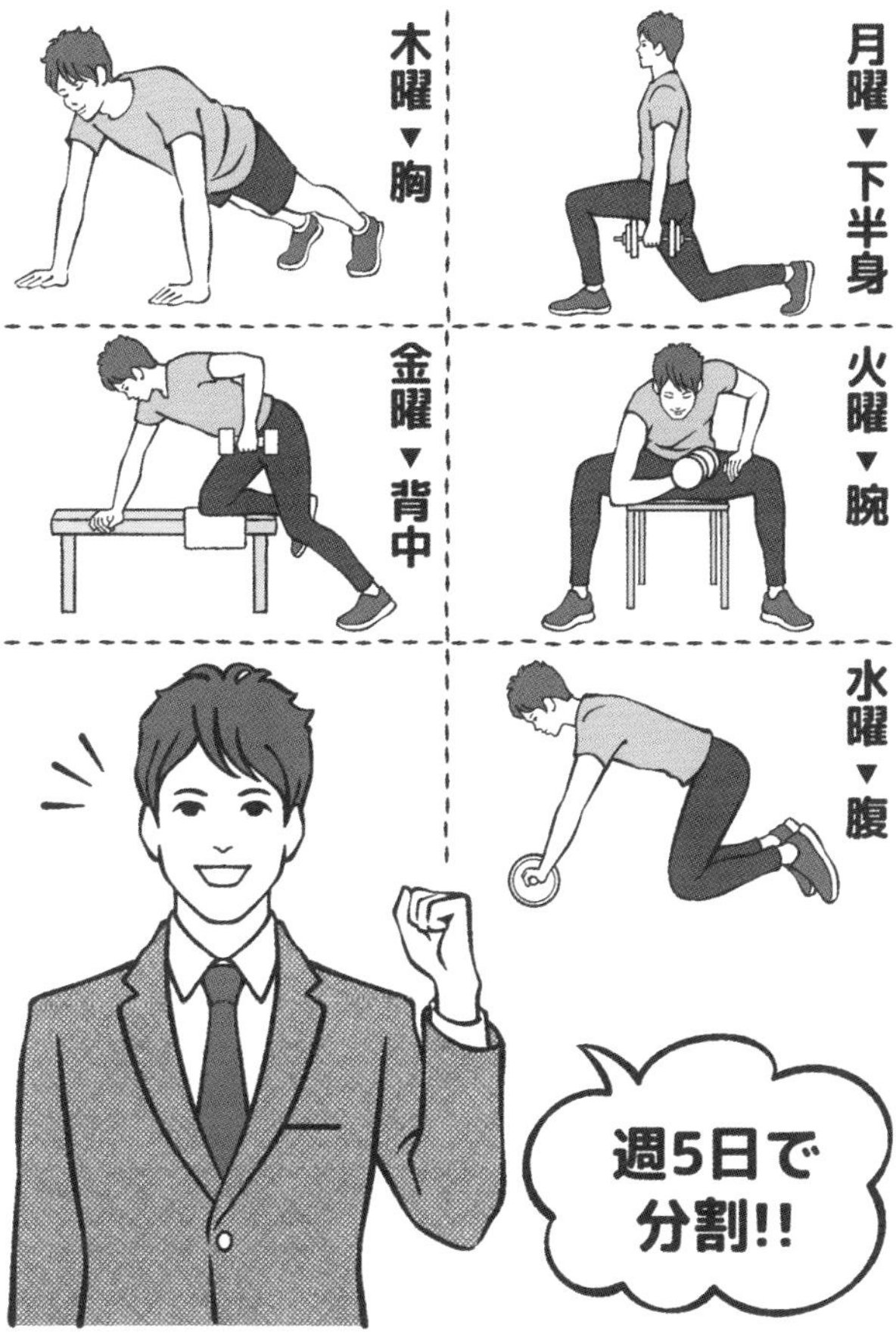
月曜▼下半身
火曜▼腕
水曜▼腹
木曜▼胸
金曜▼背中
週5日で
分割!!

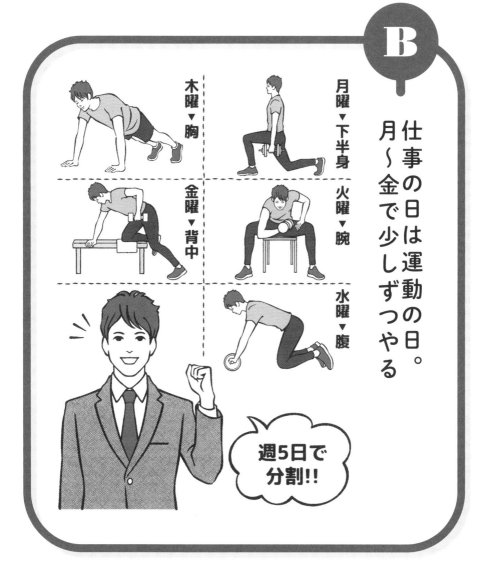

正解はこっち!

B

仕事の日は運動の日。月～金で少しずつやる

運動は「イベントにしない」ことが大事です。

忙しい平日に、ちまちま短い時間運動するよりも、時間のある週末に追い込んで運動したほうが、消費カロリーをドカンと増やせるし効率がよさそう——。何となく、そんなイメージを抱く方は少なくないと思います。

でも実際には、1回1回、頑張りすぎる人ほど、運動が続かない傾向がみられます。人はどんなにハードに追い込んでも、月数日、週1日の運動だけではやせられません。

たしかに、長い時間運動するほうが、1回で消費できるカロリーは多くなります。でも、週1日、1～2時間、頑張ってハードに運動した場合と、毎日15分～30分、運動した場合をトータルで比べたらどうでしょう?

結果的には「毎日、コツコツ」のほうが運動量は上回ります。

私がおすすめしたいのは、**あえて「仕事の日は運動の日」と決めてしまう**ことです。「仕事で疲れているのに運動なんてしたら、余計疲れてしまうのでは？」と思うかもしれませんが、実はデスクワークをしている方の場合は逆です。

デスクワークをしていると、座りっぱなしの時間がとても長く、運動量が少なくなります。すると、脳は疲労困憊なのに、肉体的には疲れていないため、毎日の眠りが浅くなってしまう。つまり、体を動かしていないことで疲労が抜けない状態になるのです。

例えば、軽く汗をかくぐらいの早歩きやジョギングを1日15～30分程度、仕事の前後に組み込みます。仕事の日に適度な運動で体を動かすことで、毎日ぐっすり眠れますし、外気や景色が脳によい刺激を与え、疲労回復にも効果的です。

何より、軽く汗をかく程度でスパッと終わらせると「気持ちよかった！」というよいイメージが残ります。すると「次の日も体を動かそう」という意欲につながって、習慣にできる確率もググッと上がります。

しつこいようですが、確実にやせるためには運動を習慣にできるかどうかがカギ。そのためには「運動をイベントにしない」ことがとても大切です。

Q28

市民マラソンが
これだけブームになった理由は？

A

実は運動音痴の人に向いているスポーツだから

B

健康ブームで元運動部の人が走ることに目覚めたから

正解はこっち!

A

実は運動音痴の人に向いているスポーツだから

文化系？　ランナーの素質あります！

日本では06年以降、街中を走る大人をよく見かけるようになりました。はたしてこの15年間に、「スポーツが得意な人」が増えたのでしょうか？　それとも、元運動部の人が改めて走ることに目覚めたのでしょうか？

いいえ、そうではありません。これだけランニング人口が急増したのは、かつては運動が苦手だった人たちが、走るようになったから。

実は**運動が苦手な人ほど、大人になるとランニングにハマりやすい**のです。

これにはいくつかの理由があります。

ひとつは、「走る」だけなら、どんなに運動音痴の人でもできるから。例えば、水泳や球技やサーフィン、スノーボードなどは、そのスポーツを行うための技術が必要です。でも、走るのはウォーキングの延長。手足を交互に動かして前に進むだけなので、特別な技術をマスターしなくてもすぐに始められます。

次に、運動経験のない人、運動が苦手な人でも、走り続けてさえいればみるみるうちに、走れる距離が延びていくから。

運動による主な身体的変化は「筋肉量が増える」「体脂肪が減る」、そして「心肺機能が向上する」の3つです。筋肉量と体脂肪量は、変化が表れるまでに最低2、3か月は必要ですが、心肺機能は1か月もあれば明らかに向上します。

心肺機能が向上すると、息が上がりにくくなったり、楽に脚が前に出たりするようになります。最初は500m走るので精いっぱいだった人も、続けていれば1㎞、2㎞と、なんと1週間単位で楽に走れる距離が延びていきます。早い人なら3か月で10㎞程度は楽に走れるようになるのです。

走るたびに成果を実感できるので、毎回、「自分でもできるんだ！」という自信につながります。

ですから運動にいい思い出のなかった人ほど、ハマっていくのです。

なかには「そうは言っても長く走り続けるなんて苦しいし、無理です」と、思いきれない人もいるでしょう。

でも、まったく心配ありません。

「走ってみたけど挫折した」という方の話を聞くと、はじめから頑張りすぎる傾向があります。だから、「ツライ」「苦しい」「やっぱり無理」という気持ちになってしまう。

でも、「苦しくても走り続けなさい」なんて、誰が決めたのでしょう?

苦しくなったら、歩けばよいのです。しばらく歩いて、心拍が落ち着いたらまた走ればいいし、そのまま歩ききってもOK。これをくり返すうちに、走れる距離はおのずと延びていきます。

「走る自信がない」とずっと二の足を踏んでいた方ほど、間違いなく、ランナーになる素質を秘めています。

「自分には無理」と決めつけず、騙されたと思って、家の周りをちょこっと走ってみませんか?

やって
みよう

「早歩きよりも ちょっと早い程度のスピード」を目指しましょう

運動が苦手な人、体力に自信のない人でも苦しくなく
走るコツは、正しいスピードで走り始めることです。
続ければ必ず、走れる距離は延びていきます。

ウォーキングの状態から、「これ以上は速く歩けない！」という速度まで上げていき、そのスピード感をキープしつつ走り出します。
もし、走って30秒もたたないうちから息切れしたら、「速すぎ」。キツいと感じたら早歩きに戻し、息が整ったらまた走り出します。

Q29

「5km走る」を目標にしていたのに、
仕事で遅くなってしまいました。
あなたの選択はどっち？

A

それでも頑張って5km走る

B

気休めに2km走る

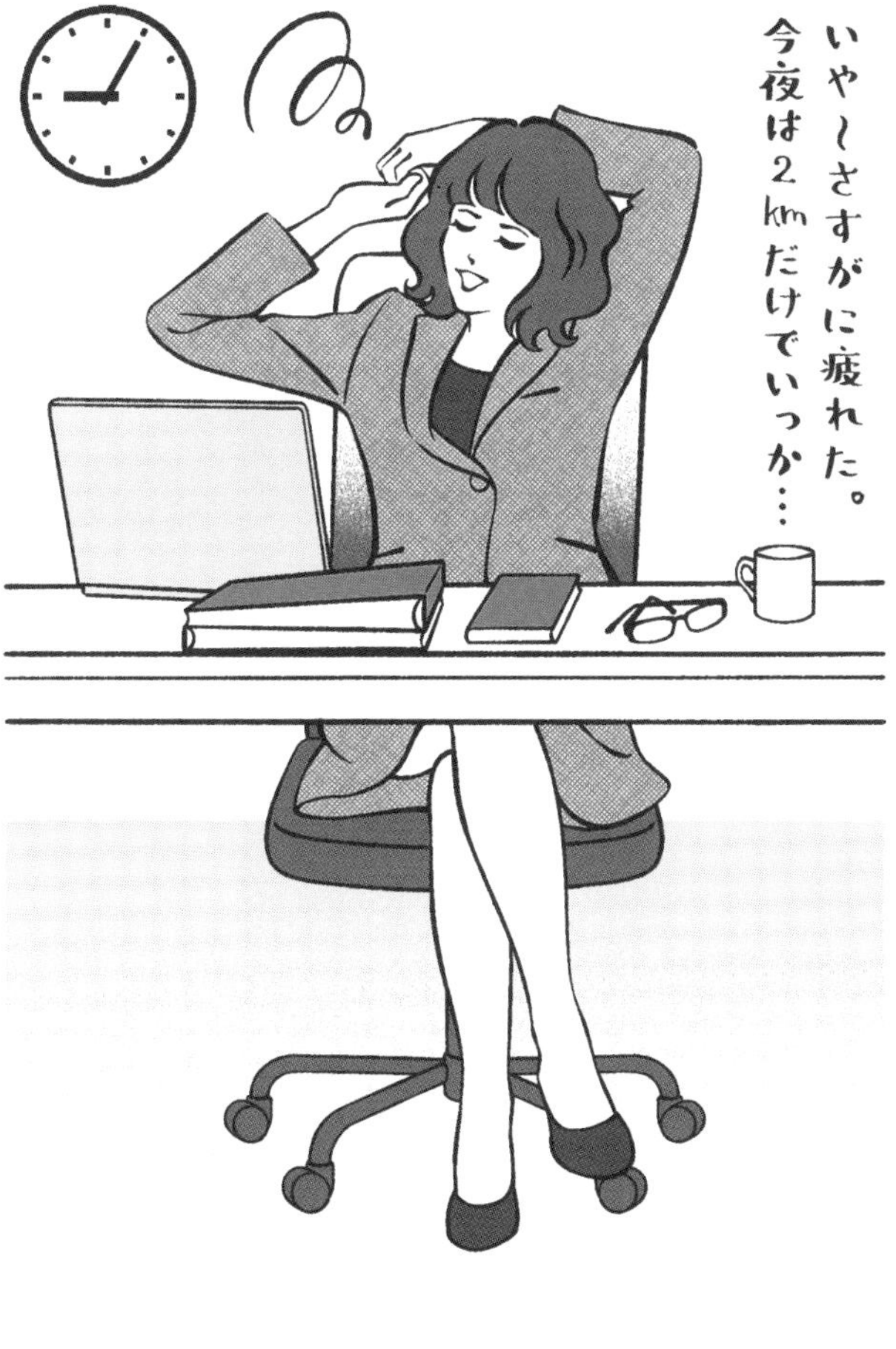
いや〜さすがに疲れた。
今夜は2kmだけでいっか…

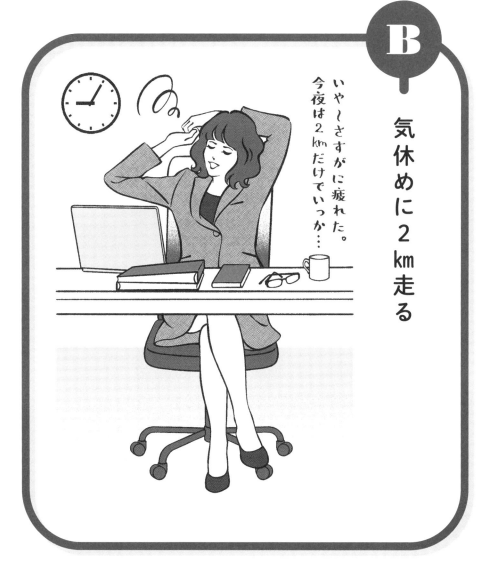

正解はこっち!

B

気休めに2km走る

1を取るのではなく、0.5を取りに行きましょう。

疲れて帰ってきた日は毎回、「運動をするか・しないか」で悩んでしまう……。今日からこのような考え方は捨ててしまいましょう!

なぜなら「ゼロか1か」という考え方は、運動が続かない要因になるからです。

私たちの脳は、たとえ最大の目標の30%、50%しか運動できなかったとしても、その成果を「成功体験」として毎回、しっかりインプットしてくれます。そして、脳に「成功」の経験が刻まれるほど、「やっぱり私にはできない」と自信をなくしたり、挫折したりするのを防いでくれるのです。

そこで、**運動の目標はあらかじめ「高い目標」と「低い目標」の2つのハードルを用意**しておきます。例えばウォーキングであれば、5㎞コースと2㎞コースを、筋トレなら「10回×5セット」と「10回×2セット」のプランを用意。すると疲れていても、「とりあえず今日は簡単コースだけやろう」という気持ちを促し、「ゼロ」、つまり失敗体験がグッと減ります。

私は帰宅後のランニングが習慣ですが、トレーナーの私でさえ、疲れて帰った日は「あ〜、今日は走りたくないなあ」と思います（このように運動が好きな人でも、「面倒だな」「イヤだな」とあたりまえに感じるものなのです！）。

なので、私自身も、自宅周辺に30分コースと1時間コースのランニングコースを設定しています。

「今から1時間走るのはツラいなあ……」とやる気が起きなくても、「30分ならいけるかな」と思えますし、30分だけ走ったとしても、終わったあとは必ず「あ〜、気持ちよかった」「やってよかった！」という気持ちになります。

運動を習慣にするために必要な条件は、「根性」や「忍耐力」ではありません。**自分にとって「運動は大事」と認識すること。そして、「次もきっとできる！」という自信（見込み感）です。**「半分でもできたのだから、次もきっとできる！」というポジティブな気持ちを大切にして、できることを続けていきましょう！

覚えて
おきたい

選択肢は常に
2つ用意しておくと続けられます

途中までは同じ道のりにすることがポイント。

分かれ道までは「どっちのコースにしようかな」と考えるアイドリングタイムにすると、歩いたり走ったりするうちに心が変化して、長い距離を選ぶこともできます。

ウォーキングコースの例

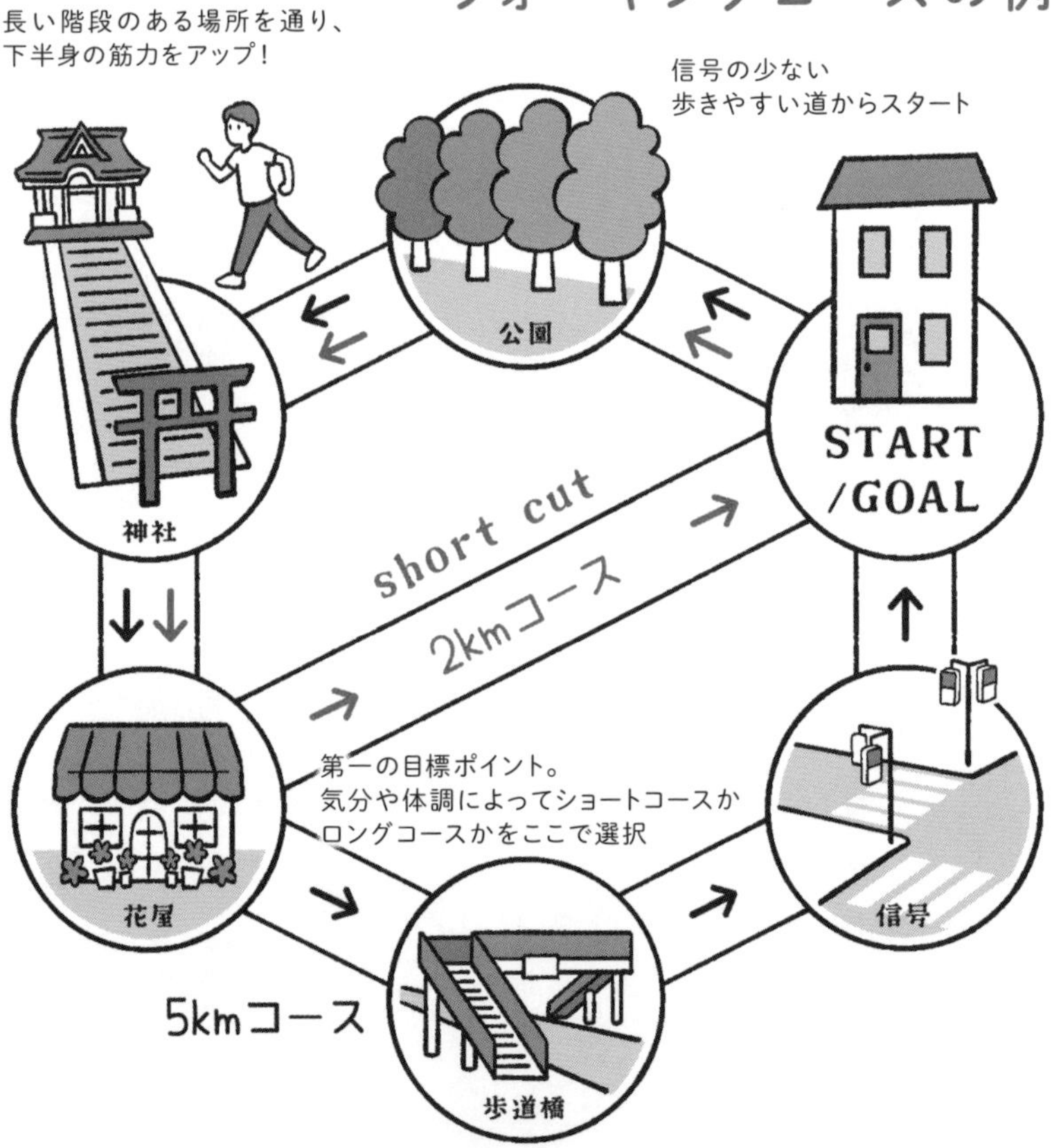
長い階段のある場所を通り、
下半身の筋力をアップ!
信号の少ない
歩きやすい道からスタート
公園
神社
START
/GOAL
short cut
2kmコース
花屋
第一の目標ポイント。
気分や体調によってショートコースか
ロングコースかをここで選択
信号
5kmコース
歩道橋
再び階段ポイントを
入れられるとベター

ランニングコースの例

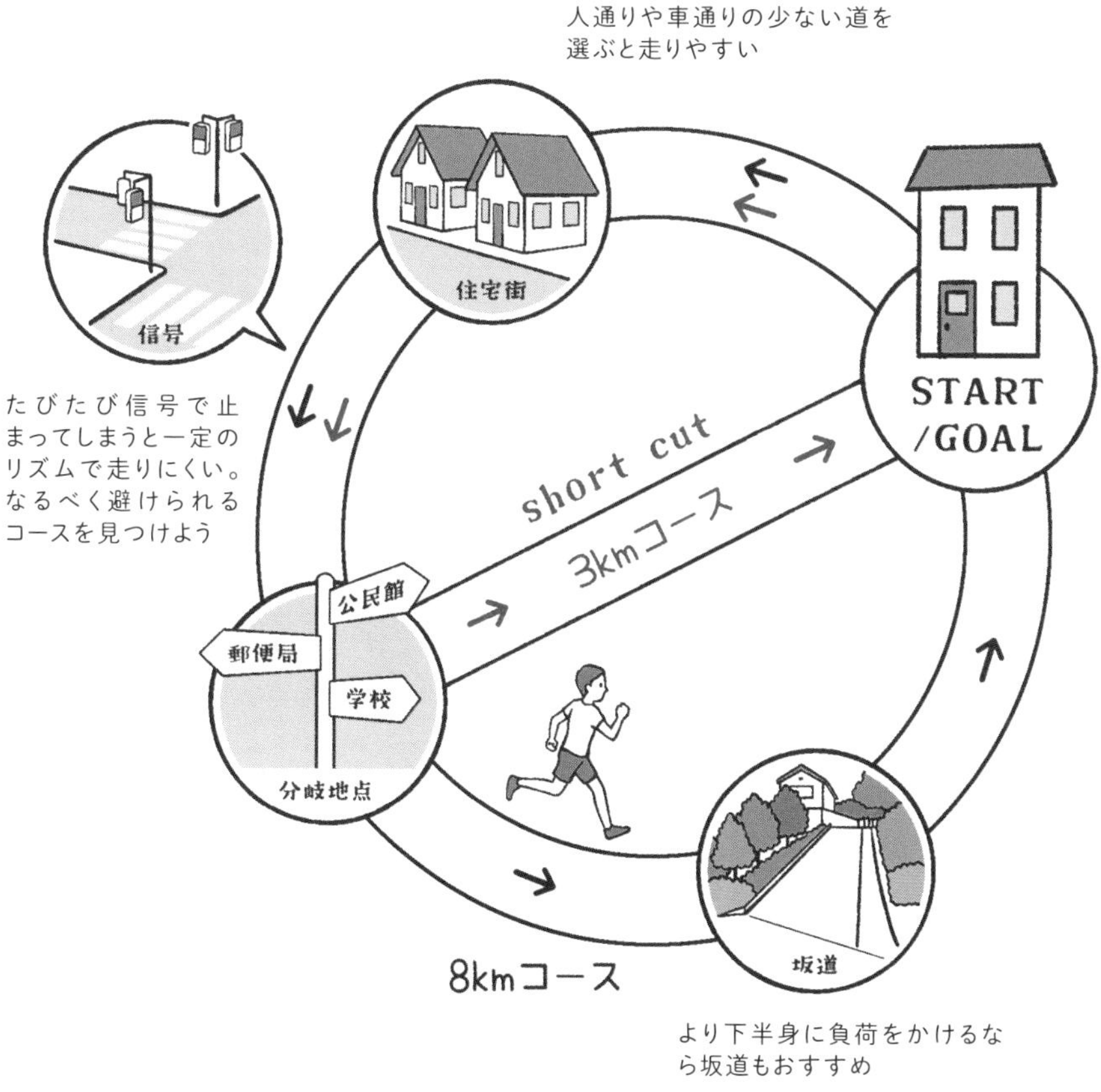
人通りや車通りの少ない道を
選ぶと走りやすい
住宅街
信号
たびたび信号で止
まってしまうと一定の
リズムで走りにくい。
なるべく避けられる
コースを見つけよう
START
/GOAL
short cut
3kmコース
公民館
郵便局
学校
分岐地点
坂道
8kmコース
より下半身に負荷をかけるな
ら坂道もおすすめ

Q30 ウォーキングやジョギングをするときに必要なのはどっち？

A

念入りに準備運動をする

B

靴だけはきちんとしたものを履く

正解はこっち!

B

靴だけはきちんとしたものを履く

準備運動なんて面倒くさいことはいりません。

「ウォーキングやジョギング前はどんなストレッチをするとよいですか?」とよく質問をされます。

私の答えは、「ストレッチをする必要はありません」。ストレッチを10分間する時間があったら、その分、早くスタートしちゃいましょう。

運動の前に準備運動をする理由は、筋肉の温度を上げる――いわゆる〝ウォーミングアップ〟のためです。

筋肉は温度が上がると柔軟性が上がり、体が動きやすくなります。ですから、強度の高い運動の前に準備運動を行うとケガの予防になります。でも、多くの人が運動前に行うストレッチは、静的ストレッチ（P180参照）という種類で、筋肉を温める効果はありません。テレビなどで、プロ野球選手が練習前に軽く走る姿を見たことがある方もいると思います。**ウォーキングやジョギングは、それ自体がウォーミングアップになる運動**です。ですから、ゆっくり歩きだし、徐々にスピードを上げて早歩きやジョギングに移ればOK。運動が終わったら、静的ストレッチをして柔軟性をアップさせましょう。

準備運動という面倒くさい手間がひとつ減ると、継続するハードルもグッと下がりますよ。

一方、シューズ選びは大切です。私のおすすめは**ウォーキング派もランニング派も、ランニングシューズを選ぶ**こと。なぜなら筋力不足を補う構造や衝撃の吸収などの機能が充実しているので、運動初心者でも快適に歩いたり走ったりできるからです。

ランニングシューズは初心者用から上級者用までとラインナップが幅広く、機能も異なるので、ぜひショップの店員さんに「ウォーキングに使いたい」「これからランニングを始めます」と相談してみてください。自分に合ったレベルのシューズを提案してくれますよ。

また、シューズを購入する際は、必ず試し履きをしてください。

機能も大事ですが、長い時間、長い距離を履きますから「履き心地」はもっと大事。足をいれたときに「あ！　足が包まれている」と感じる一足を選ぶことが失敗しないコツです。

覚えておきたい

動的ストレッチ 静的ストレッチ

ストレッチには、動的ストレッチと静的ストレッチの2種類があります。
目的に合ったストレッチを選びましょう。

静的ストレッチ

反動を使わず、ゆっくりと筋肉を伸ばすストレッチ法。柔軟性を高める、筋肉の疲労を解消する効果があり、運動後のクールダウンに適している。

アキレス腱伸ばし

腰のストレッチ

動的ストレッチ

関節を大きく動かしたり、反動を使ったりしながら行うストレッチ。血流を促し、運動に必要な部位の柔軟性を高める。運動前のウォーミングアップに適している。ブラジル体操、ラジオ体操もこれにあたる。

股関節まわし

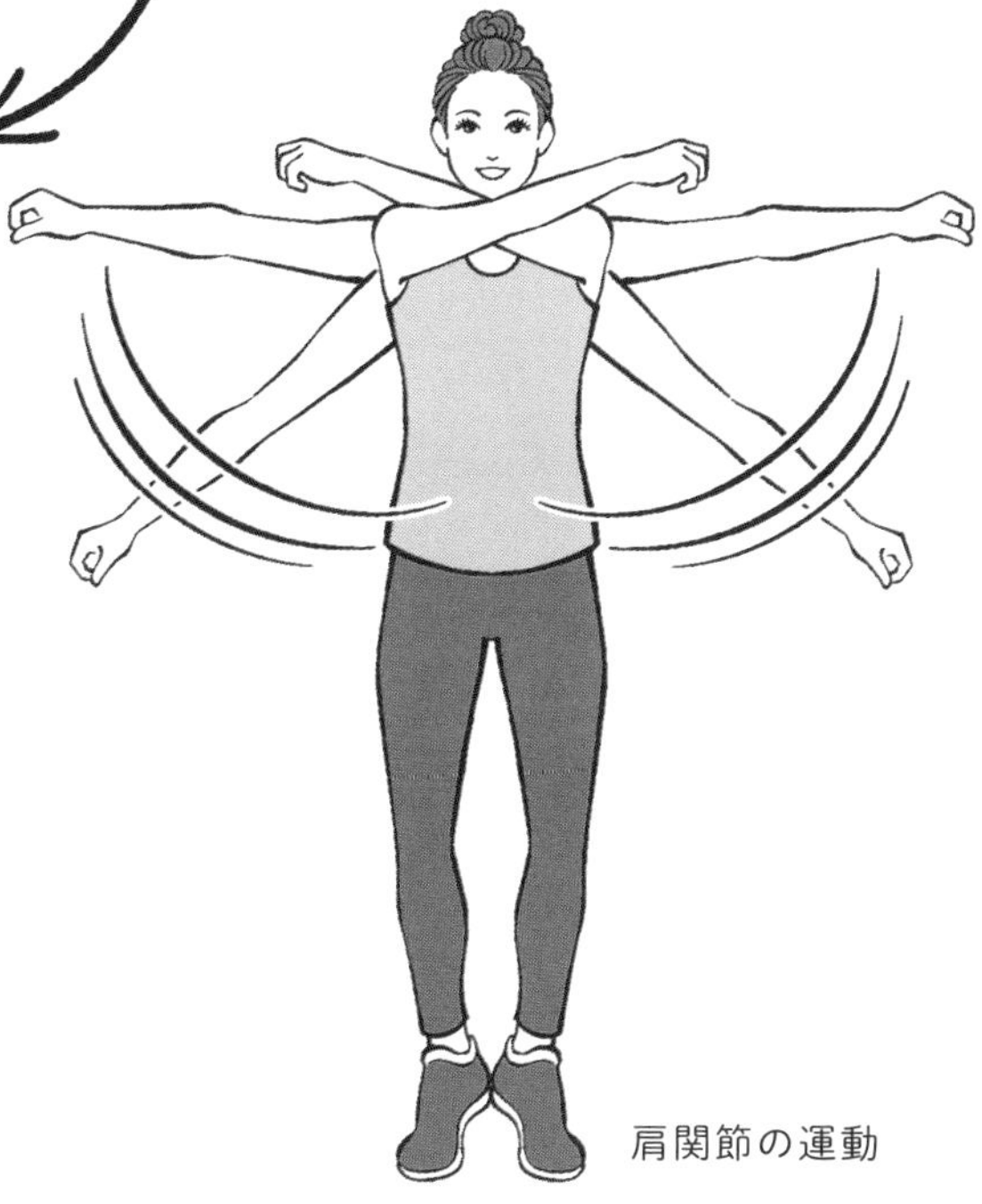

肩関節の運動

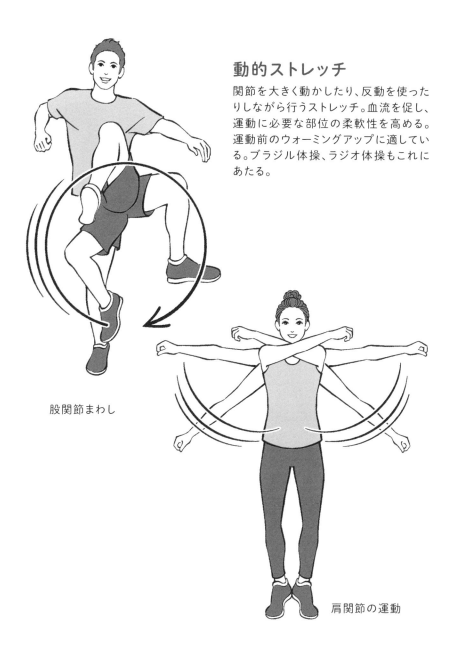

Q31 やせるのはどっち?

A

1時間のヨガ

B 30分のランニング

正解はこっち!

B

30分のランニング

ヨガは運動ではありません。

女性を中心に、運動が苦手な人でも「気軽に始められる」と人気のヨガ。「やせそう」「体も柔らかくなりそう」「ウエアがお洒落」などなど、「やってみたい」と思える要素がたくさん詰まっているようです。

でも、ヨガは「運動」ではありません。

口酸っぱく言いますが、消費エネルギーが摂取エネルギーを上回る。これがダイエット成功の黄金ルールです。やせたい、引き締めたい、体形を変えたいのであれば、有酸素運動で体脂肪を落とし、筋トレで筋肉をつけて代謝を上げるのが近道です。しかし、METs表（P63）を見るとわかるように、**ヨガはとても負荷が低いので、有酸素運動や筋トレの代わり**

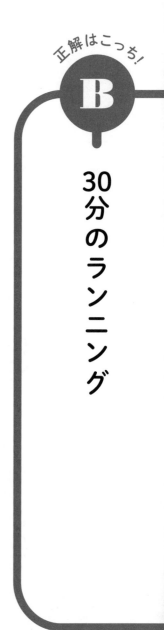

にはなりません。ダイエット目的であれば、この選択肢はとても遠回りです。

日本ではなぜか「運動」というイメージが強いのですが、ヨガは運動ではなく、精神修行のメソッドです。「ヨガでやせた」という方はおそらく、マインドをコントロールできるようになったり、体に対する意識が高まったりすることで、食べるもの、食べる量が変化した結果でしょう。


ただ、ここでお伝えしたいのは、ヨガを行うことに意味がないということではなく、有酸素運動や筋トレの代わりにはならない、ということです。

ヨガは、心身をリフレッシュする、自分自身に意識を向けることのできる、素晴らしいアクティビティです。また、呼吸法や呼吸を重視するため、様々な研究からストレスへの耐性を高めるリラクセーション法であることも報告されています。

最近では動画サイトなどを見ながら、自宅でヨガを行うスタイルが広がっていると聞きます。トレーナーとしても、ぜひ、有酸素運動や筋トレと合わせて行ってほしいと考えます。

ただし、ひとつだけ注意点を。ヨガは気軽に始められそう、簡単そうというイメージがありますが、ポーズのなかには難易度の高いものがたくさんあります。安全な誘導のもとで行わないと、ケガを負うリスクが高いので、とくに柔軟性の低い方、独学で行う方は慎重に進めましょう。

さて、せっかくですから、正解の選択肢「30分でやせるランニングの方法」についてもお話します。

脂肪燃焼効果を最大限にする走り方のコツは、軽く息が弾む程度のゆっくりペースで走ること、です。

なぜなら、スピードを上げすぎると、息が上がってしまい走り続けられません。長く走るほど多くのカロリーを消費できるので、「ゆっくり＋長く」走るのがもっとも脂肪燃焼が望める、というわけです。

ウォーキング（時速6km）をゆっくりペースのジョギング（時速8km）に変えるだけで、消費カロリーはなんと2倍になります。

ジョギング時のおおよその消費カロリーは「体重×走った距離（km）」。体重60kgであれば、3km走ると180kcal、5km走ると300kcalを消費できます。食べ物に換算すると、3kmなら茶碗に軽く1杯の白米、5kmならアイスクリーム1個（※商品によりカロリーは異なる）。ちょっとしたおやつを食べても「なかったこと」にできますよ。

最後に、1か月で30分走れるようになるトレーニングプランを掲載しました。30分あれば初心者でも3km、慣れてくると4～5km走れるようになります。ヨガも気持ちがいいですがこのくらい走れるようになると、もっと気持ちがいいですよ！

やってみよう

1か月で30分走りきる！
トレーニングプラン

3ステップで、30分間走り続けることを目標にしたプランです。
「できる！」という見込みが50％以上になったら、次の段階へ移行しましょう。

第1段階

目的：有酸素運動の習慣をつける
日常生活に有酸素運動の習慣を組み込むことが目的。ウォーキングだけでもいいし、毎日行わなくてもOK！　できるだけ意識して体を動かすクセをつけよう。

例）「通勤の日はエスカレーターに頼らず、必ず階段を使おう」
「夕食後は楽しそうなダンス系のダイエット動画を色々試してみよう！」

第2段階

目的：走れる脚づくり
有酸素運動を生活に取り入れられるようになったら、ステップアップして走れる脚を作ろう。すでに第1段階をクリアしている人はここからスタート。

A：ウォーキング＆ランを交互に続ける
B：ショートラン（1～2km程度）
C：階段・トレイル（坂道）を使う
D：下肢の筋トレ

例）「月曜と水曜はAを、週末はDをやろう！」
「Cは毎日、あとは土日を除いて順番に続けようかな」

ADVICE
・まずは、A～Dのうち2つのメニューを1週間の生活に組み込んでみよう。
・余裕のある人は、A～Dをバランスよくすべて実行することを目指そう。

第3段階

目的：基礎体力をつけて30分走りきる
いよいよランにチャレンジ！　コースを設定し、週に1回はロングコース、週2～3回ショートコースを走ろう。

・ショートコース（1～2㎞程度のジョギング）
・ロングコース（3～5㎞程度のジョギング）

ADVICE
・慌てず、ゆっくりと「走り続けられるスピード」で始めよう（p169）。

COLUMN

パーソナルトレーナー、どうやって選ぶ？

最近は一般の会社員や主婦の利用者が増えているパーソナルジム。パーソナルトレーナーをつける利点は、一人ひとりに合ったトレーニングメニューを提案してもらえるので、最短で目指す体になれることです。

一方、料金設定が高いため、「効果は期待できても続けられない」と諦める方も多いと思います。そこで提案したいのが、パーソナルトレーナーとフィットネスジムを併用する「ハイブリッド式」です。

私のおすすめは、最初の1か月は週1のペースでパーソナルトレーナーに体やフォームを見てもらい、自分に合ったトレーニングメニューを作成してもらう。その後はフィットネスジムで自分でメニューをこなしながら、以降も2、3か月に1回、パーソナルトレーナーのところで体やフォームを見てもらう、というプランです。メニューもだいたい3か月に一度、組み直してもらえばＯＫ。

今はパーソナルトレーナーがいる大手のジムや24時間ジムもあります。いきなりパーソナルジムに通うのはハードルが高い、という方は、通っているジムの方にお願いするのも手です。

最後に、トレーナー選びでもっとも大事なのは、自分との相性です。持っている資格の種類や数が多ければいいわけではありません。まずは体験レッスンを受け、その人が自分の悩みや希望に対して親身になってくれるかどうかをみてから決めましょう。「合うな」と感じる人を見つけられると、運動の継続や体作りの成功につながりますよ！

エラの呼吸で…
すぅー

おわりに

「歩くのと走るの、どっちがよいですか？」
「筋トレとヨガ、どっちがやせますか？」
このような「どちらが効果的ですか？」という質問を、これまでどれだけ受けてきたでしょうか。

いろいろなところで「これが効く！」といった情報が飛び交っているので、混乱する気持ちもよくわかります。ですが、それらの質問に対する私のアンサーは、「どちらがご自身にとってやりやすく、続けることができますか？」です。

とくに運動方法に関しては、効果的――つまりどっちのほうが消費カロリーが高いのか？が専門学的に正しい答えになります。とはいえ、たとえ消費カロリーの高い運動でも、続けられなければ効果は出ません。結局は、多少効率が下がっても、「自分に合っている」「楽しい」と思える運動のほうが効果が出る、ということになるのです。

この本の問いのなかには、少し意地悪な設問もあり、意外性や発見がある答えもあったのではないでしょうか。でも、その「えーーー!?」という驚きや疑いが、きっとあなたの頭に印象づけられたことと思います。

最近料理にハマっている私は、料理研究家の友人にこんな質問を投げてみました。

「唐揚げは高温になってから揚げる？　それとも低温から徐々に揚げていく？」

最近ＹｏｕＴｕｂｅで、「低温から揚げるとジューシーでおいしい唐揚げができる！」という動画を観たからです。この質問に友人は、「やってみた？　やってみて自分がおいしいと思ったほうでいいんじゃない？」と答えました。

早速、低温から揚げてみると、脂っこくて全然おいしくありませんでした。何かやり方が悪かったのかもしれませんが、ひとつはっきりしたことがありました。私はやっぱり高温になってから揚げて、さらに二度揚げするのが一番おいしいと思います。

運動も料理も、「自分に合うものを」。わかっていても、自分の専門外のことは「どっちですか？」とつい聞いちゃうんですよね。

さて、もし私たち専門家に質問するとしたら、みなさんはどんな「どっち？」を考えるでしょうか？

全国各地で講演会もしています。お会いする機会があれば、ぜひ遠慮なく聞いてくださ い。思わず「うーん……」と唸ってしまうような質問をお待ちしています。もし続編が出ることがあれば参考にさせていただきますから！

中野ジェームズ修一

中野ジェームズ修一

なかの・じぇーむず・しゅういち

- PTI認定プロフェッショナルフィジカルトレーナー
- 米国スポーツ医学会認定運動生理学士
- (株)スポーツモチベーション　最高技術責任者
- (社)フィジカルトレーナー協会(PTI)代表理事

「理論的かつ結果を出すトレーナー」として数多くのトップアスリートやチームのトレーナーを歴任。とくに卓球の福原愛選手やバドミントンのフジカキペア(藤井瑞希選手・垣岩令佳選手)、マラソンの神野大地選手の個人トレーナーとして広く知られている。2014年からは青山学院大学駅伝チームのフィジカル強化も担当。ランニングなどのパフォーマンスアップや健康維持増進のための講演、執筆など多方向で活躍。近年は超高齢化社会における健康寿命延伸のための啓蒙活動にも注力している。自身が技術責任者を務める東京都・神楽坂の会員制パーソナルトレーニング施設「CLUB100」は、無理なく楽しく運動を続けられる施設として、幅広い層から支持を集め活況を呈している。主な著書に『医師に「運動しなさい」と言われたら最初に読む本』(日経BP)、『世界一伸びるストレッチ』(サンマーク出版)などベストセラー多数。

やせるのはどっち？

理想の体が手に入る「失敗しない」31の法則

2021年12月28日　第1刷発行

著者	中野ジェームズ修一
発行者	大山邦興
発行所	株式会社 飛鳥新社 〒101-0003 東京都千代田区一ツ橋2-4-3 光文恒産ビル 電話 (営業)03-3263-7770 (編集)03-3263-7773 http://www.asukashinsha.co.jp
編集協力	長島恭子
ブックデザイン	小口翔平＋後藤司(tobufune)
本文・カバーイラスト	斉藤ヨーコ
印刷・製本	中央精版印刷株式会社

落丁・乱丁の場合は送料当方負担でお取替えいたします。
小社営業部宛にお送りください。

ISBN 978-4-86410-860-7

編集担当　中野晴佳